非 合 理 な 職 場

不讲道理的
职场

〔日〕永田稔 —— 著　邓钰婷 —— 译

江西人民出版社
Jiangxi People's Publishing House
全国百佳出版社

前　言

近十年来，就像有关逻辑思维的书籍遍布各个书店一般，逻辑思维在企业内的渗透也已无所不及。

笔者在某大学教授 MBA 课程，每当在课堂上向学生介绍逻辑思维时，他们的眼里都闪耀着好奇的光芒，并一致表示："想尽快掌握逻辑思维，早日成为解决问题的专家。"

但是，随着逻辑思维的不断渗透，其缺陷也逐渐暴露出来。笔者亲眼看见了许多失败的例子，例如，擅长运用逻辑思维的人制订的计划，在实际应用于组织运行及动员阶段却突然停滞不前，甚至因为计划得不出成果，其职业生涯也走到了瓶颈区。

基于这些事例，笔者重新认识到：人类始终拥有不符合常理的一面，而这一面使得人类无法仅仅依靠正常的逻辑来行动。即使在基于合理机制运作的职场，笔者依然直面了大量"不合理"现象。

笔者带着为何会出现上述现象的思考，完成了本书的写作。

正如经济学是基于人类的合理性构成的，经营也是以此为前提形成的。

然而近年来，脑科学及心理学的研究成果不断证实，人类会在无意识中产生不合理的行动，以人类的合理性为前提的思维方式开始暴露出其缺陷。经济学在近几年的发展也充分体现了这一点。

这也意味着，我们已经进入了无论在经营还是职场管理上，都必须考虑其合理性与不合理性的时代。

本书将着重讲述职场中及职场人士身上存在的"不合理性"，尽力为读者的职场生活提供些许启发。

笔者将在第一章向读者介绍不合理职场的实际情况；在第二章说明造成不合理性的认知偏差；在第三章与读者一同思考解决认知偏差的方法；在第四章检测读者自身存在的认知偏差；在第五章列举人身上及职场中存在的"价值观"问题，并深入剖析充满合理性的提案遭到冷落的原因；在第六章希望与读者重新思考如何在多元化的职场中调动他人的积极性。

笔者衷心希望本书能够帮助读者或读者周遭的人理解自身的"不合理性"。

目　录

仅凭逻辑思维行不通的"不合理职场"

逻辑思维作为一种思考方式的确很实用，但在调动
他人或组织积极性时还存在不足。

近年，职场人士极度关注**逻辑思维**或思考能力的培养，与逻辑思维相关的书籍不断发行，与其相关的讨论会也在不断展开。说逻辑思维是职场人士的必备技能也不为过，甚至有许多人认为没有该技能便难以在职场中发光发热。

笔者的工作是为企业提供组织及人力资源管理方面的咨询。近几年的人事项目评估中，也纳入了"逻辑思考能力"及"有逻辑地解决问题的能力"两项评估标准。笔者也因此了解到企业希望职员能够掌握这一技能。

笔者在战略咨询公司任职的几年里，长期被灌输掌握逻辑思维能力及逻辑思维的基础——**逻辑树分析法及 MECE**（Mutually Exclusive and Collectively Exhaustive，意为不遗漏、不重叠）的重要性。

当时，虽然笔者对演绎法及归纳法等概念有所了解，但在实际工作中并未用过这些方法，因此引起了我极大的兴趣，希望能够熟练掌握逻辑思维，甚至觉得没有这一方法便称不上是解决问题的专家。

笔者认为，逻辑思维之所以能在商务界得到如此广泛的推崇，根本原因在于"不遗漏"。所谓不遗漏，是指通过提出一般情况下容易被忽视的问题，为业内人士或习惯利用该行业内常识思考的人提供"无法通过业内常识得出的、让其眼前一亮的解决策略"。

但是，**随着逻辑思维被越发频繁地运用在实际工作中，越来越多的事例证明逻辑思维并非万能钥匙，单凭这种思考方式并不能有效调动组织及相关人员的积极性。**

想必各位读者也经历过下面的情况。

Case（案例）公司里的人不愿认清真实情况，自己意识到的问题不受周遭重视

你是否有过这样的经历：当你发现公司的业务或组织框架存在问题，并向上司及同事阐述发现问题的全过程时，你的想法和危机意识却得不到对方的重视？

你可能有过这样的经历：市场上出现了新的竞争对手，感到危机的你向身边的同事强调了这个事实，但他们总是给你非常乐观的回答，比如："不会的，不过是××公司制造的产品，他们不可能超越我们的技术"，"他们技术不行，会买我们产品的顾客才不会买那家公司的产品"。

又或者，你认为公司领导人决定的大型投资就是一场毫无胜算的危险赌博。

即使你三番五次地向上级汇报目前的市场情况及今后消费

者的需求走向，对方只会毫无理性地批评你没有勇气，因此你无法与对方就事论事。

类似的事情在企业中时有发生。

再比如，你与对方基于事实展开讨论，但双方立足的事实却大相径庭，或者对方从其立足的事实出发得出了乐观的结果，与你的结论截然相反。这种情况也是屡见不鲜。

正因为如此，即便你掌握了逻辑思维，在组织中运用该思维方式时也常受阻。

为什么会发生这种情况？

Case 要做的事显而易见，公司内却一副消极态度

你是否在这样的情境下焦躁不安过——明明为摆脱危机制定了策略与方针，但公司对眼前所要完成的任务却毫不积极。

的确，大家可能会担心这些从未尝试过的策略及方针是否有效，这是人之常情。想必你也曾为此困惑，大家明明知道长此以往公司将陷入危机，却被一股"不想干"的氛围所笼罩。

当你向同事询问新的方针及政策是否存在问题，你只会听到类似下面的回答："我明白新方针存在可实施性，但是这种做法真的适合咱们公司吗？"，"为了存活下去，这也是没办法的事"，等等。前者听起来对新方针毫无把握，后者似乎已经处于放弃状态。总之，他们不会对新方针及政策的实施展现出一丝积极性。

回想曾经，当公司提出另一项产品的研发方针时，员工们士气高涨，纷纷表示该方针非常符合本公司的作风，公司上下都处于跃跃欲试的状态。

这一巨大差距是从何产生的？员工对某些工作为什么会这么挑剔？难道光靠逻辑不足以获得对方的认同吗？

再比如，由于企业并购而需要与另一家公司合作，共同开展双方事业，这样效益明显会更好，但公司内部的大多数人都对该合作提出了反对意见。多数人表示，自家公司与对方公司的氛围不合，或者两家公司风格不同，就算合作也不会顺利。最后，合作虽然展开了，但因为进展不顺，导致两家公司处于各自经营的状态。

阻隔两家公司合作的氛围到底指的是什么？

本以为了解了利益关系后，人和组织会采取相应行动，难道是自己的想法出现了问题吗？

如果问题不在于此，那究竟是什么原因导致了这样的结果？

Case 无论准备多少奖励机制，依旧无法振奋士气

假设你是项目负责人，你的任务是向团队贯彻实施本次方针，取得相应成果。

你为成员设定了目标，并做好了周全的准备，事先与人事部门打过招呼，会给予达标成员额外奖金。

此外，你还与每位成员进行了单独谈话，向他们说明了该方针的实施背景与必要性、需要达成的目标及达标时可获得的奖金。

然而几个月过去后，项目还是难以取得良好成绩。组员们看起来都在各司其职，但整体上看没有很大的干劲。无论怎么看，还是觉得组员对项目缺乏积极性。

回想起曾经的自己，你不禁感到时代的鸿沟正阻隔于你们之间。

但仔细一想，自己也不过45岁上下，在不远的从前，大家总是积极响应公司提出的方针，如果有额外奖金干劲更是倍增。

此时的你也在疑惑，年龄差距是否真能带来如此大的差别。

再看一看年轻人，他们并非毫无干劲。

前几天，公司举办了一个活动。来参加的年轻人比预想的多，他们对自己策划的活动表现出了非常积极的态度。

而你每天都在思考该如何提高组员的积极性。

想必你也有过类似的经历吧？

特别是作为解决问题者，在将纸上的解决策略转化为实际成果时，常常会遇到上述情况。笔者也是如此。

面对这种状况，笔者当初觉得，自己的想法不被接受的原因可能只是对方没有理解，如今才醒悟过来，是自己过去面对组织和人的时候太过无知了。

1.1 真正的问题解决过程

掌握了逻辑思维的人常会产生误解，认为掌握了逻辑思维就代表解决问题的能力得到了提高。

事实上，这种想法存在明显误区。

所谓解决问题的能力，其定义更为宽泛，不单单是在台面上有逻辑地说出解决策略。

比如在前面所述事例中，便无法单纯利用逻辑思维解决问题。

真正的问题解决能力指的是，让相关人员理解制定好的解决策略，判断执行到何种程度能取得相应成果，特别是在解决整个组织的问题时，让各种各样的相关人员参与其中，调动其积极性，共同实施策略并得出成果的能力。

问题解决的过程分为三个部分：一、共同认识问题，了解解决策略；二、动员相关人员并取得相应成果；三、提高成功率。（见图1）

接下来笔者将具体说明该过程。

真正的问题解决过程由以下几个步骤组成：

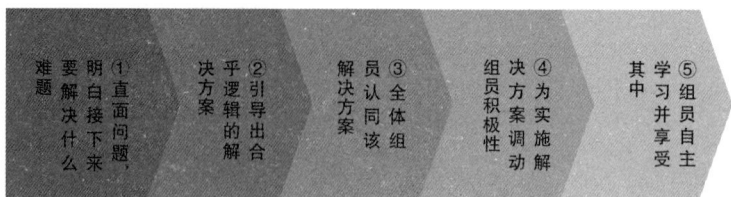

图1　问题解决的流程

　　1. 全体组员一同直面现实与存在的问题，明白接下来要解决什么难题

　　2. 面对问题，引导出合乎逻辑的解决方案

　　3. 全体组员认同该解决方案

　　4. 为实施解决方案调动组员积极性

　　5. 组员自主学习并享受其中

全体组员一同直面现实与存在的问题，明白接下来要解决什么难题

　　为了更好地说明此步骤及后文将提到的引导出解决方案的步骤，笔者想先介绍一下解决问题的思路，即**天空、雨、伞**。

　　你是否听过"天空、雨、伞"这个概念呢？

　　这是笔者在麦肯锡公司时学到的概念，它代表了解决问题的思路。

　　在该问题解决思路中，观察天空表示了解状况，判断是否会下雨表示思考这一状况背后的含义，决定是否要带伞表示决定采取何种行动策略。这一概念利用简洁的比喻，直观地将解决问题的思路呈现了出来。

整个思路过程如下：看到天空中飘来乌云（**了解状况**），乌云很可能会带来降雨（**状况背后的含义**），因此带上伞出门（**具体行动**）。（见图2）

新人进入咨询公司后，接受的第一项彻底培训便是天空、雨、伞的思维方式。

提到流行了很长时间的逻辑思维，人们大多会浮现出逻辑树及MECE等概念，但在实际解决问题的过程中，受到重视的其实是"天空、雨、伞"这一思维方式。

在咨询现场，几乎每天都要直面大大小小的问题。

而在解决问题的时候，上司及前辈将严格询问你为每个咨询提出的意见是否符合"天空、雨、伞"这一思维过程。

我们来看看下面的案例。

天空	雨	伞
抬头看天空	类似于乌云的云朵接近了	带上伞出门
了解状况	了解状况背后的含义	决定行动策略

图2　"天空、雨、伞"的问题解决过程

Case 咨询新手要学习的"天空、雨、伞"

上司：伊藤咨询师，请你汇报一下 A 商品销售额下跌的问题。

下属：A 商品销售额近 5 年出现连续下跌的情况。其中，低价商品销售额下跌情况尤为严重，这是因为新兴国家制造的替代商品对低价商品的销售造成了冲击。我认为应该尽早对低价商品的价格做进一步调整。

上司：等一下，这份资料里只有全国销售总额的数据吧？收集各个地区及渠道的销售额变动数据了吗？

下属：我记得手头上的资料里有这份数据。

上司：给我看一下。原来如此。从这份资料中可以得出三点：一、各个地区的 A 商品销售额下跌情况并不相同；二、从渠道来看，连锁店的销售额下跌幅度显著；三、便是你刚才提到的，低价商品的销售额下跌情况尤为严重。

下属：的确如此。

上司：那么，为什么不同地区的情况各不相同？这其中有四种可能性。一、该地区的需求减少；二、渠道变化的影响；三、竞争商品的冲击；四、公司自身在提高商品性能及宣传推广上没有下足功夫。与这四个推论相关的事实资料，你收集了吗？

下属：没有收集到全部资料，但有部分资料。

上司：把这些资料也给我看看。原来如此，从这部分资料也能看出，销售额下跌的地区受到大型连锁店开业的影响。目前由于大型连锁店入驻区域中购买该商品的顾客减少，可以推断出竞争商品的销量较好。这个推论是否属实，还需要更多的事实依据，建议你再收集一些相关资料。

下属：明白了。我这就分析一下。

上司：另外，你在一开始提到新兴国家的替代商品对低价商品的销售造成了冲击，这一论断有事实依据吗？

下属：这是我询问用户得到的信息。

上司：你问了多少用户？

下属：我大概问了十几个人。

上司：十几个人可能还不够充分。你可以尝试询问具有代表性的用户，当这些用户能够简略构成一个完整的小市场后再收集信息。

下属：我明白了。

上司：刚刚我告诉你的是"天空、雨、伞"流程中天空的部分。看待问题时不能只停留于表面，应该找出问题发生的原因并有条理地剖析该原因，再通过收集相关事实掌握整体情况。在推测原因及收集事实的过程中，要时刻确认自己是否做到了"不遗漏、不重叠"。

下属：好的。

上司：在此基础上，掌握了天空的状况后，要考虑其中的"含义"。这次的案例还无法充分得出该含义。你刚刚说，销售额下跌是由新兴国家低价商品的冲击造成的吧？但连同我们刚才讨论的内容一起思考的话，也有可能是渠道改变造成的。如果是这样，目前使用的渠道是否适用于该公司也是需要判断的问题。继续使用该渠道的话，渠道的衰弱也可能会给公司带来负面影响。这就是其中的含义，也就是雨的部分。

　　这样一来，要采取的行动策略自然会发生变化。你在汇报中说有必要对低价商品的价格做进一步调整，这是最有效的解决策略吗？如果考虑到渠道改变等因素，那么这个解决策略就存在漏洞了。另外，假设新兴国家通过薄利多销的方式与该公司展开较量，简单地使用降价的方式真的能在这场较量中胜出吗？即使采取行动，也需要进行上述分析及讨论。基于以上观点，你能再重新思考一下天空、雨、伞这3个过程吗？

　　下属：我明白了。我重新思考一次。

这算是较为简单的例子。在咨询公司及企业当中，诸如此类的对话每天都在进行。

从上述案例中可以清楚看出解决问题时的思考过程。

◎ 天空指的不单单是表面现象，还要分析问题发生的原因，根据事实把握整体情况。

◎ 雨指的是，分析出原因的结构后，思考该结构将随着时间及内部相互作用的改变产生何种变化，这种变化会对该公司及整个行业带来什么影响。

◎ 伞指的是，经历雨的过程后该采取何种有效策略予以解决。

但现实中，"从天空直接跨越到伞"（从掌握状况直接进入解决策略）、"没有仔细看天就带着伞出门"（不顾现状就采取行动策略）等情况也很常见。

例如，上述案例就属于"没有仔细看天（导致销售额下跌的真正原因）就带着伞出门（建议调低价格）"的情况。（见图3）

图3　不看天气就带伞出门的例子

但是，该带什么样的伞出门，或者是否需要带伞出门，都会根据天空的情况、降雨的强弱、是否降雨而产生不同的选择。

可以将逻辑树和 MECE 理解为构成"天空、雨、伞"这一思维过程必备的思考工具。

例如，掌握天空的情况时，只观察局部天空是无法知道天气状况的。

住在哪里？要去哪里？以及随着时间推移天气会发生什么变化？我们需要"不遗漏、不重叠"地收集这些信息。

上述案例中，上司强调的正是这一点。

在调查市场情况时，仅根据一部分事实（向几十人询问）做出的判断，并不适用于整个市场。

另外，在讨论解决策略时也是如此，能够防止被雨淋湿的方法不仅有打伞，还可以通过穿雨衣、开车出行等多种方式实现。根据情况，还可以选择重新安排日程或让对方到自己这里来。

要用不遗漏、不重叠的方式分析这些解决策略，同时根据降雨情况选择最有效的应对方法。

若用"天空、雨、伞"的思维过程来解释，"全体成员共同直面现实情况，找出存在的问题，分析该问题将造成什么影响的过程"就相当于天空和雨的部分。

也可以将其理解为全体成员共同观察天气，判断降雨强弱的过程。

　　共同直面现状与问题是问题解决过程的起始步骤，也是非常重要的一步。

　　如果在起始阶段，无法与相关人员共同认识到现状与问题，无法达成一致，自然难以进行后续阶段。

　　出乎意料的是，现实中人们在"共同认识现状与问题"上受挫的情况有很多。

　　这究竟是为什么？在接下来的内容中笔者也会提到，这是由于在**人类的认知和决策中，除了合理的一面还存在不合理的一面。**

　　无论多想合理解决问题，人总会在无意识中受到不合理因素的影响。

面对问题，引导出合乎逻辑的解决方案

　　接下来的过程是面对问题引导出合乎逻辑的解决方案。

　　正如前文所述，思考解决策略的过程中，人们会利用逻辑树及 MECE 探讨应采取何种解决策略。但决定解决策略有效性的要素之一，是对"雨"即含义分析的透彻程度。

　　上述案例中，新兴国家的厂商发起低价攻势，因此该公司必须采取相应措施是"雨"，渠道结构发生变化导致该公司的经营模式不断动摇也是"雨"。从中能够看出，分析方式不同，得出的解决策略即"伞"也可能不同。

　　用天气举例，"明天会下雨"与"近几年产生的降雨是由气

候结构的变动造成的，因此今后将常常出现强降雨天气"是两种分析，不难想象它们得出的解决策略将截然不同。

综合前文可以看出，**掌握引起现状的根本原因并剖析其结构，思考它们随着时间推移将产生何种变化，就是思考含义的过程。**

接下来，思考"仅有明天会下雨"与"目前气候处于经常性突发暴雨的状态"背后的含义，不遗漏、不重叠地思考应采取什么行动。

另外，在思考最有效的解决策略时，能取得多大的解决空间也会左右答案。

解决空间指的是解决策略的全面性。

也可理解为在思考解决策略时，思维及视野的高度与广度。

从图4也能看出，同样是登山，在思考登山路径时，站在远处的人想到的方法比处于登山途中的人更多。

只能看到眼前的山路

原来有好几条路可以登上山顶

图4　站在远处，视野更广阔、高远

通过更加广阔、高远的视野，能够获得的解决策略也增加了。

再回到咨询案例，下属认为"企业应该降低价格"，但除此之外，还应考虑品牌、功能及品质等造成两种商品的销售差距的重要因素，之后再探讨价格战略。

此外，本案例中也需要将视野拓展到渠道策略。

在探讨过程中，我们可能会思考以下解决方案：通过强化现有渠道是否能够解决该问题？是否有必要转换新渠道？能否挤入竞争对手所用的渠道？

再进一步拓宽视野的话，我们还可以思考如果断绝新兴企业的其他业务来源，是否会影响其低价战略，从而使解决思路呈现更多可能性。

再回到天气的例子中，当自己为了与某人见面而外出，在考虑是否会下雨、有没有必要带伞时，前提条件就是"我要出门见 ××"。

然而只要将前提条件换成"与 ×× 见面"或"与 ×× 交换信息"，那么实现目的的方法将会增多，比如"让 ×× 来我这里"或"利用社交软件与其联系"等。

虽然笔者在书中阐述如何探索问题的根本原因及拓宽解决空间时能得到读者的认可，但在实际解决问题的过程中，人常常会受到经验及固有观念的限制。

原因是我们受到了思考结构、认知结构及决策方式的影响。

对于这些限制，本书将进行详细叙述。

全体组员认同该解决方案

相关成员接纳解决方案，是使该方案落到实际的必要过程。

但是，理解并不等于接受。

对于某些事，也存在组织或个人能够理解却无法由衷接受的例子。

这一过程常常容易被忽视，但要彻底执行解决方案并获得相应成果，前提必须是相关人员赞成实施该方案，而人只有真心接受才会赞成。

反过来，**若相关人员不接受这一解决方案，那么即便进入实施阶段，整个计划也会无疾而终。**

由此可以看出，**即使按照逻辑引导出合理方案，也不一定会被接受。**

人或组织都有"喜恶"之分及各自的"价值观"，这是不可避免的。因此，如果是自己"不喜欢的方案"，那么无论其多么具备合理性都很难使人付诸实践。

可能在看到组织拥有"喜恶"之分时，各位会感到困惑。它的意思是，组织当中存在固有的价值观及文化。而**这一固有的价值观及文化会影响到组织在某个方针或行动上采取的态度。**

各位在目前所属的企业中也听到过类似下面的评论吧？例如"我们公司不能采取这样的做法"或"那种类型的人应该没

办法适应我们公司"等。而这些评论正是基于价值观产生的。

在一个组织当中，如果该价值观不断强化并渐渐体现在组织运行的方方面面，那么这个价值观将被认作企业文化。

解决问题的一方如果忽视了价值观及企业文化，将无法解决问题。若不考虑价值观与文化，费尽心思制定的方案将无法被相关人员接受，更得不到真正的赞同。

从这个层面考虑，为了成功实施解决方案，在制定方案的阶段就必须事先探讨对方是否能接受候选方案，是否会认同该方案的实施。

另外，以往的价值观及文化常常会成为改革路上的绊脚石。

在这种情况下，有必要刷新价值观及文化，或是根据该文化适当修正解决方案。

为实施解决方案调动组员积极性

为了让解决策略落实到实际行动上，有必要适当引导组织或人采取相应行动并达成预定目标。

引导过程中的关键，称为"调动积极性"。

说到调动积极性，想必多数人脑海里浮现的是奖励或鼓舞士气，又或是下达命令等方式，实际上调动积极性的方法是多种多样的。

有的人会在无意识的情况下采取行动。例如，内心已有想实现的目标，或是为了公司或同事而行动等。

另外，动机可分为两种，一种是希望实现目标的强烈愿望，而另外一种是因害怕失败而回避挑战的动机。

因此，若想改变某个人或组织的行动，让其按照自己的计划行动，必须掌握支撑该人或组织行动的动机，了解目前该人或组织正在采取何种行动，或是否有行动等信息。

在此基础上，为了让其按照自己的计划行动，应探讨怎样改变方式调动其积极性。

组员自主学习并享受其中

解决问题的过程中，组员的理想状态是，即使不依靠问题解决者，也能掌握自行应对环境变化的能力，并适时改变自己的行动。

这不仅是让组员学习相关知识，还要让组员学会自行建立自主学习的过程。

面对环境的转变，要让组员学会自主应对，而不是一味等待上级的指示。为此，有必要掌握不断从环境中学习的能力。

通过上述内容相信各位已经明白，真正的问题解决是不断变革的过程，超越了狭义的逻辑思维。

与我们常见的逻辑思维非常不同的一点是，解决问题的过程与除了自己以外的他人的想法及情感有着很大关联。

逻辑思维通常将重点放在思维的细化或创新等思考活动上，而对解决问题的过程来说，还需要在逻辑思维的基础上进行多项内容，具体包括：说服某个组织或个人、调动积极性、让组员采取行动、让组员学习知识、培养组员自主应对变化的能力。

然而，在这一系列的流程中存在许多"阻碍"及"陷阱"。

有很多例子证明，为了让对方理解自己的想法并付诸行动，仅提出合理的解决策略及沟通并不足以实现预期的结果。

若要让对方为之行动，就必须了解"他人是如何理解事物的"及"他人会为了什么而采取行动"，这与逻辑思维截然不同。

要令他人或组织理解你的想法并为之行动，必须先了解人的认知、心理及情感。**真正的问题解决者必须拥有逻辑思考能力，能够想出具有可接受性的解决策略，此外还应具有充分理解人的情感及不合理性、调动他人及组织的能力。只有兼具上述两种能力，将解决策略落实到行动并取得相应成果的人，才是真正的问题解决者。**

1.2　逻辑思维者容易掉入的陷阱

若想成为真正的问题解决者，除了掌握逻辑思维，还需要调动存在不合理性的他人或组织的积极性，并取得相应成果。

但在实际操作过程中，多数人都会遇到类似下面的阻碍。

特别是只掌握了如何用逻辑解决问题的人（笔者称之为**逻辑思维者**），会太过拘泥于自身的想法或逻辑，忽视他人或组织存在的不合理性。

实际上，这些逻辑思维者忽视不合理的思维或行为本身，也体现出其不知该如何应对这样的不合理性并试图"规避"它的心理状态。此外，逻辑思维者出于"自尊心"还会过度将重心转移到逻辑性上。虽然大多数人没有意识到自己内心的这种想法，但从结果上看，这种失衡的行为往往无法有效调动他人或组织的积极性。

笔者将这种现象称为**"逻辑思维的陷阱"**。

下面，笔者将列举目前为止看到过的"逻辑思维的陷阱"。

1. 对方应该也正确理解了真实情况及事情的逻辑；

2. 我的思维符合逻辑，所以应该是正确的；

3. 若对方或组织理解了其中的逻辑，应该会做出正确的行动；

4. 用金钱作为奖励的方式应该能有效调动他人积极性；

5. 我的任务是不断下达正确指示。

以上几点是逻辑思维者容易陷入的"思维误区"。

笔者亲眼见过许多逻辑思维者因为陷入这些误区，所以无法顺利调动他人或组织的积极性，无法取得有效成果。

第一点**"对方应该也正确理解了真实情况及事情的逻辑"**是掌握逻辑思维不久的新手常易掉入的陷阱。

掌握了逻辑思维并将其运用于实际时，却得不到周遭的理解，白忙一场。

这究竟是为什么？

原因是人的大脑有时会出现"只看自己想看的"或"按照自己希望的方式理解事物"的倾向。这已得到众多心理学实验和脑科学研究的证明。

实验证明，偏见会在很大程度上影响大脑对信息的处理。

面对与自己背景不同的人（例如不同性别、后来进入公司的人及并购企业的员工），带有负面情绪的管理人员在进行与升职相关的评价时，会倾向选择与自己背景相同的员工，即便该员工的工作能力稍逊于其他背景的员工。

但当事人却没有意识到自己的选择带有偏见。

而且，这样的人会无意识地带着内在倾向筛选信息。评价在其他企业工作过的员工时，总是偏向关注该员工的不足之处。

心理学实验也证实，带有**"隐形偏见"**的人在认识问题时容易受到内在倾向的驱使。

反对逻辑思维者的意见的人或许是因为无法理解其中的逻辑，但有许多反对意见是因内在倾向产生的——即便他们能理解其中的逻辑。

如果不了解大脑处理信息的这一特征，就会误会对方看到了相同的实际情况并能够理解，从而使交流过程发生障碍，最终导致无法将想法准确传递给对方。

当你试图说服上司或向下属下达指示时，是否遇到过"总觉得双方对状况的理解存在偏差"的情况？

在这种情况下，即便你想强行让对方理解自己亲眼见到的事实或得出的逻辑，结果也会不尽如人意。为何会发生这样的情况呢？笔者将在后面的内容中详细说明。

第二点**"我的思维符合逻辑，所以应该是正确的"**是逻辑思维达人一旦掉以轻心就会掉入的陷阱。

这意味着逻辑思考存在局限性，一旦掉以轻心，思维就会受到内在倾向和成见的影响。无论是谁，都有可能因此陷入乍一看充满逻辑实则不合乎逻辑的困境中。

但是，由于很多时候此类逻辑性误区或内在倾向是无意识地产生的，因此需要多加小心。

当讨论陷入了这些误区，自然无法获得他人的理解和赞同。

第三点**"若对方或组织理解了其中的逻辑（现状与问题），应该会做出正确的行动"**是逻辑思维者让对方理解了自身想法后，进入调动积极性阶段时面临的问题。当看到对方理解了现状与问题后却仍无动于衷，你会产生"为什么大家明明了解情况却无法付诸行动"的疑问。

然而，理解与采取行动是完全不同的。许多人知道戒烟对健康有益却总是戒不了。同样地，即使对方知道应该采取某个战略或某种战术，还是会常常出现不想实施或无法实施的情况。

逻辑思维者有时会将对眼前问题毫不作为的人称为"消极分子"，但却没有意识到这一行为本身会不断削减对方的积极性。我们很有必要认识到这一点。

第四点**"用金钱作为奖励的方式应该能有效调动他人积极性"**在目前也是常见的思维误区。

在某些情况下，金钱的确能够起到调动他人积极性的作用。并且，这种奖励的意义也极易理解，因为自己付出了劳动或取得了成果，从而得到了等价报酬。但在此之前我们应该知道，金钱有其局限性，且除此之外还有其他奖励机制也能调动他人积极性。

特别是，我们还应该知道过度使用金钱进行鼓励可能会抹杀人原本拥有的好奇心，打消其想要达成目标的想法。

第五点**"我的任务是不断下达正确指示"**的思维误区容易

让逻辑思维者局限在认为自身扮演的是"参谋或策划的角色"的想法中。

特别是在团队中担任负责人时，即便不说也有很多人会自然地将自己定位成"参谋或团队的大脑"，认为自己必须不断做出指示来领导团队。

有时，无论当事人是否意识到这一想法，也会出于自尊心或防卫意识，试图通过这种方式确保自身的存在价值及在组织中的位置。

但这种管理方式是无法长期持续的。

这是因为人的认知与思维习惯、个人的智慧已不足以应对产生极大变革的社会环境。若想建立一个各种人才纷纷出谋划策、自主应对状况变化的团队，**从长期来看，"我是负责想办法的人，而你们是负责实施的人"这种想法不会给他人与组织带来良好的影响。**我们还应该知道，基于这种想法的行为也会给组员的积极性造成不良影响。

如上所述，逻辑思维者在解决问题的过程中会遇到容易掉入的陷阱，如果无法避开这些陷阱，即便掌握了逻辑思维也无法取得成果。

从这一层面上说，要成为真正的问题解决者，除了掌握逻辑思维，还必须了解这些陷阱。

后面我们将依次看一下在真正的问题解决过程中产生"阻碍"及"陷阱"的原因。这些原因也可以说是人或组织与生俱来的特性。

小　结

逻辑思维仍旧是被提倡的思维方式，现在已成为商务人士的必备能力。

掌握了逻辑思维的人容易误认为自己已能解决问题，但问题解决的真正过程不单纯依靠逻辑完成，还需调动相关组织或人员的积极性。

具体过程为：

1. 全体组员一同直面现实与存在的问题，明白接下来要解决什么难题

2. 面对问题，引导出合乎逻辑的解决方案

3. 全体组员认同该解决方案

4. 为实施解决方案调动组员积极性

5. 组员自主学习并享受其中

为实现这一过程，解决问题的一方必须分析人的思维及心理因素。此外，在该过程中会出现不适用逻辑思维的情况，这是由于人身上同时存在逻辑性与不合理性。

从第二章起，笔者将探讨人身上或组织中存在的不合理性体现在哪些方面，以及应如何应对这种不合理性。

你的意见为什么得不到理解

误以为对方正确理解了真实情况及事情的逻辑。

Case 你的意见为什么无法准确传递给对方？逻辑思维者直面的问题

高桥在日本某商业集团工作，并在工作期间取得了MBA学位。

在课上他学习了逻辑思维及批判性思维。对于并未特别重视用逻辑思考问题的高桥来说，这些思维方式是极具参考性的技能，因此在工作中也积极利用这些方法处理事务。

在此期间，公司让高桥对某个事业部门实施改革，该部门在近几年的运营上一直存在问题。

具体问题表现为该部门的销售额连续几年创下新低。该部门的员工将原因归咎于外部环境，认为是市场行情不好导致的。高桥决定借此机会彻底查明原因。

针对销售额下滑的原因，高桥做出了两个假设。一个是由于商品性能降低，另一个是由于营销力度不足。在此基础上，高桥采访了顾客，分析了商品的关键要素，与竞争商品进行了比较分析，还分析了消费者决定购买的过程。

调查与分析结果显示，原本处于较高水平的商品性能在近几年连续降低。造成该结果的原因包括两点：第一，本部门的商品与竞争商品间的差距缩小；第二，顾客决定购买的要素由产品性能转变为生产该产品的工厂提供问题解决策略的能力。

但当他将这一结果汇报给高层管理人员时，对方给予的回应却出乎他意料。

对方表示："销售额下跌的确是很严重的问题，但你汇报的内容让我摸不着头脑，我觉得原因并不在这里。既然原因不在这儿，我就不能接受你的提议。当然，我也听到一些关于我们产品的吸引力有所降低的传闻，但那只是一部分消费者的看法，我不认为那是根本原因，看好我们产品的顾客还是占多数的。所以，问题应该还是出在营销力度上。"

管理层大多持上述意见，高桥提出的解决方案并未得到积极响应。尽管自己全面收集了相关材料，构建了逻辑框架，但还是没能得到上级的理解。这使得高桥非常困惑。

你是否也常遇到上述情况？即便你提出了有逻辑的解决方案，得到的仍是"听着有点不明所以"或者"按道理来说可能是那样……"的回应。

大家都了解到了相同的事实，处于同样的情况，为何他们不能理解你意识到的危机和问题？

无论是公司内部领导，还是公司外部的咨询师，都曾不止一次地遇到此类情况。

为什么当你尝试用符合逻辑的方式向对方说明问题或说服

对方时，反而会得到这样的回应？在思考这个问题之前，我们先看看高桥脑中的逻辑思维。

高桥使用第一章中介绍的"天空、雨、伞"的思路，进行了以下思考。

天空：近几年我司的市场份额呈现下降趋势，而这是由竞争胜出率降低导致的。

天空的依据1：市场规模不断扩大，但我司的销售额却不断减少。

天空的依据2：在新顾客争夺战中的胜出率降低。

天空的依据3：老顾客的更新率在降低。

雨：导致竞争胜出率降低的原因在于，顾客决定购买的要素已从商品性能转变为服务提供能力。长此以往很有可能危及公司的存亡。

雨的依据1：从对顾客的采访中可知，顾客决定购买的要素已从商品性能转移到综合服务的提供能力上。

雨的依据2：我司的竞争对手a公司具有很好的服务提供能力，并通过强化服务运营队伍提升了自身的市场地位。

雨的依据3：另一方面，我司一直以来都在宣传该产品拥有的良好性能，在构建服务提供能力上却较为落后，导致对方的产品不断向我方展开攻势。

伞：为重拾我司的市场地位，必须立即提升服务提供能力。为此，有必要召集及培养精通顾客服务的优秀人才。公司应尽早与人才录用部门及人才开发部门合作，强化这一方面的能力。

伞的依据1：服务提供能力高低的决定因素在于精通顾客服务的人才，这些人才的数量与能力左右了该产品在市场上的竞争力。

伞的依据2：近几年，在扩大市场份额的竞争中，较为注重吸引精通顾客服务的专业人士。

伞的依据3：我司不仅在录用人才方面迟人一步，能提供服务的人才在能力和数量上也不够充分，必须尽早采取相应策略。

从分析本公司的实际经营状况到总结原因，再到思考相应解决策略，高桥进行了一系列充满逻辑的思考。

但上司的反应却是"看好我们产品的顾客还是占多数的。所以，问题应该还是出在营销力度上"，并不打算接受高桥的逻辑。

那么，为什么会发生这种情况？

2.1 最新的脑科学及心理学研究成果

2002 年获得诺贝尔经济学奖的心理学家丹尼尔·卡尼曼利用"快速思考"及"缓慢思考"两个词说明了逻辑思考的难度。无意识且依靠直觉做决定时属于快速思考，这种思考方式容易产生于人处于焦急状态或注意力被分散时。此时，自身情感及偏好等"不合理"因素所占的比重将会扩大。与此相对，遵循逻辑的缓慢思考是在下意识回避自身情感及偏好，并集中精力思考问题的过程中产生的。

毋庸置疑，逻辑思维属于后者。但人在评价利用逻辑思维得出的结果时，却不一定会利用缓慢思考的方式。

此外，近年决策理论专家通过颅脑 MRI（核磁共振成像）得出的研究结果表明，当人需要做决策时，最先活跃的是大脑内控制情感的区域，之后活跃的是大脑新皮质控制的逻辑思考区域。

这意味着人在面临决策时，首先会无意识地透过直觉或情感做出反应，此时人对这一决策的喜恶已经决定，之后大脑会试图"合理"解释由自身情感决定并带有个人偏好的决策。

因此，即便缓慢思考等同于逻辑思维，在初始阶段依旧会受到快速思考（情感或个人偏好）的影响。当然，不能说人在做决策时大脑的运作均为如此，但我们应该知道大脑做决策时逻辑因素并不总是处于优势地位。

这一点与本书的主旨完全契合——**要想贯彻逻辑，必须先理解心理活动的非逻辑性。**

《国富论》的作者亚当·斯密已经提倡过这一想法。

他将市场比作"看不见的手"，并强调市场机制的合理性，而实际上他并非经济学家而是伦理学家（当时还没有经济学这一学科）。他还著有另一部与《国富论》具有同等地位的大作《道德情操论》。

在该著作中，他强调道德情操是使市场机制正常运转之必不可少的要素。

道德情操指的是站在他人立场理解他人的道德情感。要发挥逻辑的作用，就必须先理解人的心理，原来这一思考早在17世纪就得到了提倡。

如今在心理学及脑科学领域，相关科学研究已不断展开，使得人类能够通过实践，更加具体且深入地理解理性与感性的相互协作过程。若基于这些最新研究成果理解大脑的运作方式及人的心理活动，我们应该就能明白高桥的上司为何会做出上述反应。

为此，首先应该理解人的认知结构，笔者将从下一节开始展开详细叙述。

2.2　你的意见为何得不到理解

高桥或你的意见得不到他人理解的原因在于，人的认知结构存在差异。

人的认知结构实际上要比我们想象中还"靠不住"。

人的认知结构脆弱、无常，我们的认知和思考很容易受到环境、经验及情感因素的影响。

明白这一特性，能够极其有效地帮助你调动他人或组织的积极性。

2.3 人的认知结构

目前，心理学及认知心理学领域的专家正在研究人对事物和现象的理解方式。详细内容请参考专业书籍，本书将分析如何把认知心理学的内容运用到商业领域。

目前，心理学及认知心理学领域的研究在眼下大热的 AI（人工智能）研究中也处于核心地位，专家们不断研究如何让计算机正确识别相应的事物和现象。

想必有读者记得，谷歌曾对外宣布，他们通过让 AI 读取动物图像，成功使计算机识别出了所有动物。这意味着，他们通过输入数量庞大的动物图片，从中提取某种动物（例如猫）的特征，最终成功让机器认识了猫的概念。这一成果再一次让 AI 受到大众的瞩目。但笔者认为，AI 的飞速发展也进一步显示出人类具有极其卓越的认知能力。

即便样本数量很少，人也可以凭借认知能力分辨出不同种类的动物，即便形状或颜色有所不同，人依旧能将其辨别出来。

在此笔者想举一个极端的例子：无论是穿上服装的猫或是

在万圣节被装扮的猫，人类都能通过认知能力识别出那是猫。

即便信息不够完善，人的大脑也能通过现有的知识基础及推测弥补缺失的信息，认识事物或现象。

人类会通过"现有的知识网络"及"推断"处理并认识事物、状况及谈话内容等信息。

2.4 知识网络——"图式"是什么

人类拥有的知识网络叫作"图式"。

从很久之前起这个词就被用于心理学领域，表示人的知识网络这一概念。

简单来说，人的大脑会构建框架以积累经验及知识，这一框架便是"图式"。

例如，前面动物的例子中存在以下思维过程：

通过四只脚行走的动物→小型动物→能轻松越过屏壁、迅速穿过道路的敏捷动物→会发出"喵喵"的叫声

由于你的大脑中已经拥有相应的知识储备，所以当看到从你眼前经过的动物时，你的大脑能在极短时间内完成这一信息处理程序，判断出"从你眼前经过的是猫"。

再例如，你进入了一家餐厅。

这是一家比较高级的餐厅。你进门后，在餐厅大堂停了下

来，等待餐厅的服务人员为你领路，这一系列动作都完成得非常自然。

从广义看，这也属于知识网络。因为你拥有相关经验及知识，明白去高级餐厅时应采取何种言行举止，所以能自然地表现出上述行为。

解决问题时也是如此。

比如在提高员工工作积极性方面，你会根据自身的经验及掌握的知识建立起解决问题的体系。你知道当员工没有工作动力时该如何解决，也知道当员工拥有工作动力，但因庞大的工作量感到十分疲惫时该采取何种行动。人类会利用图式将现象归类并进行认识。

当然，仅凭以知识与记忆为基础的图式不足以应对现实中的各种对话或发生的所有情况。

这是由于图式是根据个人的经验及掌握的知识构建起来的。

2.5 由"图式"及"推断"形成的认知结构

"推断"是连接图式与现实的桥梁。

人在面对某种现实情况时，会试图利用图式理解这一现状。但当图式与现实情况存在差距时，人会通过推断理解情况。

例如某一大型黑色物体从你眼前经过。

其外形与你熟悉的"熊"很相似。

因此你大吃一惊。但你转念一想，这里是市区，"真熊出现在这里的可能性极低"。你又想起今天附近在举办活动，由此推测出看到的"黑色物体"不是熊，而是"穿着熊的玩偶服装扮演熊的人"。

紧接着，你的大脑会提供"熊的玩偶服装"的特征，将你看到的"应该是熊的玩偶服装"与你所知道的"熊的玩偶服装"进行对比，最终得出"这一与熊非常相似的物体是熊的玩偶服装"的结论。

人会通过各自拥有的知识网络——"图式"及"推断"有效处理信息并认识现象。

由于人的脑容量远小于外界的信息量，一一读取并处理这些信息会给大脑造成很重的负担，因此大脑通过将特定信息和知识体系化，利用知识网络（即"图式"）以及能简化信息处理过程的直观推断法迅速处理来自外界的信息，尽量减轻大脑负担。

反过来，可以说正是由于人类拥有"图式"及"推断"，才能在信息不充足的情况下发挥高度认知能力。

例如，经验丰富的技术人员通过简单的情况叙述就能找出机器故障的原因，正是图式（与机器相关的知识）及推断在发挥作用，使技术人员得以基于自身经验及所学知识找出问题所在。

在此插一个小话题。笔者很喜欢侦探小说，在小说中屡屡登场的老练警官总会提到"分析案件的脉络"。我想，警官之所以这么说，也是因为他拥有对刑事案件的"图式"及"自我推断"。

然而另一方面，人的大脑拥有良好的认知结构，也成为无法将想法顺利传达给上司或下属的原因。

2.6 认知结构的局限性

如前文所述，人的认知结构为了减轻大脑负担或为了有效处理信息，会通过图式及推断进行认知。

并且，这种认知结构是由个人以往的经验与所学知识构建起的知识网络及个人的推断组成的。

显而易见的是，每个人从人生及职业生涯中获得的经验及知识各不相同。因此，依靠图式形成的认知会导致人与人之间的认知差异。

你是否经历过类似的情况？

这可能是大家的父母的对话。

"喂，把那个东西给我一下。"

"是这个吧。"

"对，多谢。"

这很有可能发生在常年生活在一起的夫妇间。

但当作为子女的你进入这个场景时，情况却发生了改变。

"喂，把那个东西给我一下。"

"这个吗？"

"错了，不是这个。是那个。"

"我怎么知道'那个'是哪个啊？"

常年生活在一起的夫妇顺利完成了交流，但在你这儿却无法进行下去。

这是由于母亲根据多年的经验推断出了父亲所指的东西。

而与父亲接触较少的人，则缺乏与那个东西相关的经验与推断，因此无法顺利完成交流。

若从人的认知结构上分析，便不难理解高桥与上司在销售额下跌问题上为何会出现意见分歧了。

图式及推断会因为各种各样的因素产生偏向，影响并扭曲认知。

其中，具有代表性的因素有"由经验及知识构成的图式造成的不良影响""存在偏向性的推断"及"集体决策的影响"。

2.7 受经验及知识限制的人 —— 拥有牢固图式的人会作何反应

如前文所述，图式是由个人经验及知识构成的知识网络。

当图式被坚实地构建起来，人会严重受其影响。在理解事实情况时，容易将现有的知识网络强行套用其中，导致自己错误理解事实或遗漏事实。

根据心理学家巴特莱特的实验，让学生记下某个民间故事时，每个人会按照自身的图式适当修改或自行编辑该故事以进行记忆。

该实验结果说明，**人有可能会凭借自身积累的经验及知识曲解事实或真相。**

在高桥的例子中，上司针对高桥的提案，就提出了反对意见：“当然，我也听到一些关于我们产品的吸引力有所降低的传闻，但那只是一部分消费者的看法，我不认为那是根本原因，看好我们产品的顾客还是占多数的。”

这也许是因为上司更容易接收对商品的积极评价，针对负面评价存在抗拒心理。

另外，上司还这样说："问题应该还是出在营销力度上。"

这只是上司的假说，应该是基于过去的实际经验做出的判断——恐怕公司在此前也遇到过同样的问题，当时问题的确出在营销上，然后通过提高营销力度的方式成功解决了该问题。因此上司的大脑中形成了固有的图式，认为"我司的商品性能良好，提高营销能力是解决销售额降低问题最有效的方法"。想必大家一定知道，在这种情况下，要让对方理解与其认知不符的想法是很困难的。

那么，究竟什么情况下或什么样的人容易受到这种图式的影响？

第一个特征是：**有过很强的成功经验的组织或个人。**

成功经验的强度可以通过成功带来的影响（一次成功的大小）× 成功次数得出。

即便只经历过一次成功，如果其带来的影响很大，人就会受到这一经验的影响。此外，成功解决同一问题的次数越多，这些经验便会形成图式，使人自然地认为"这个问题应该这么解决"。

其实，脑科学也能解释这一现象。

包括人在内，生物的大脑存在一个被称为"奖赏系统"的区域。一旦该区域活跃，生物便会产生"快感"。

处于进化过程中的生物会通过进食或性行为等本能行为刺

激该区域，而人的奖赏系统会因成功经验或与他人保持密切关系而呈现活跃状态。

重要的是，包括人在内的生物会不断试图做出活跃奖赏系统的行为。

例如，让某一动物按下绿色及红色的按钮，在按到红色按钮时，该动物可获得食物。如此一来，便会发现之后该动物看都不看绿色按钮，而是不断去按红色按钮。

人也一样。一旦通过某种方式获得了多次成功，或者仅有过一次极大的成功经验，之后便会下意识地寻求这种奖赏，自动"学习"并重复该方式。

此外，人还会进行另一种学习——"观察学习"。

这是指虽然自身未曾有过类似经验，但当看到他人通过某种方式获得了回报时，便会模仿这一行为。

企业中，获得成功经验的人会强化自身的图式，并将这一经验传授给新人，就是此类机制在发挥作用。

基于为日本企业提供咨询的经验，笔者认为**由成功经验形成的图式深深影响着日本企业**。

其原因包括，目前日本企业虽然面临众多问题，但在过去曾有过长期的成功经验。此外，日本企业的人员流动较少，习惯共享、延续并公式化"成功经验"。还有前文提到的来自大脑机制的影响。

但这种依赖奖赏系统的行为存在不妥之处。因为这种行为基于过去的成功经验，并非针对眼前的状况产生。

同理，在动物只按红色按钮的例子中，若突然将规则改为按下绿色按钮才能获得食物，该动物将无法立即应对这一突如其来的情况。

仅凭重复过去成功经验（活跃奖赏系统）的方式无法迅速应对情况的变化，人也容易使自身思维或行为定型。关于这一点，想必各位读者都想到过。

局限于某一范围内的成功经验、公式化的成功经验容易使问题解决策略类型化，使人产生思维定式，僵化人或组织的思维。

但行业大环境变幻莫测，面对多变的环境，仅靠复制成功经验可能导致我们无法应对新变化，以致失败。

第二个特征是：**执着于自身经验及知识的人。**

这一特征在自尊心强且依赖经验与知识积累的人身上表现得尤为明显。

笔者身边一些极其努力地攻读 MBA 的人有时就会出现这种情况。

依赖于自身掌握的经营学知识，并对学过的知识拥有强烈自尊心的人**容易忽视眼前事实，试图将自己掌握的知识套用于该事实**。自负的想法，如"自己知道很多原理框架"会导致自己无法认清事实。

不论面临什么状况，他们都习惯放入自己的条条框框予以解决，对于无法嵌入框架的事实则选择摘除。

如此一来，只能导致对事实的曲解。

这种现象也曾导致欧美国家产生"MBA无用论"。

在"一味分析"的基础上，"无论什么都习惯套用现存框架"的方式曾受到各方批判。

如上所述，受自身知识限制的例子时有发生。

2.8　易受经验知识局限的日本企业

目前，日本企业的人事体制依旧偏重"经验（工作年数）"。在这种体制下，"重视经验带来的知识"作为企业文化渗透到整个组织当中，甚至潜移默化地将尊重经验知识的思想灌输给员工。

这种方式有可能导致组织或个人对经验知识产生全盘接受的态度。

在此需要注意的是，没有深入思考就接受经验知识是存在一定风险的。

美国的脑科学家曾进行过一个有趣的实验。他们针对坚守某一信条且拥有牢固图式的人与注重自由且不受图式约束的人做了一个极其简单的认知测试，并利用脑电图（EEG）检测其大脑活跃程度。

这一认知测试被称为"Go/No-Go 测试"。

在实验开始前，会告知实验对象绿灯亮时按 Go 按钮，红灯亮时则按 No-Go 按钮。实验开始后，每一次亮的几乎都是绿灯。

实验对象习惯该模式后，灯一亮都会自动按下 Go 按钮。

但在那之后，会低频率地出现红灯。此时，实验对象会因突如其来的变化感到吃惊，然后按下 No-Go 按钮。

这一意料之外的亮灯叫作"新信息"。

实验过程中，他们让实验对象戴上一项特制的帽子，帽子与电极相连，以此检测实验对象的脑电波，调查其对"新信息"的敏感程度。结果显示，从脑前额叶的前扣带回皮层（ACC）的活跃程度来看，重视自由的人对新信息的敏感程度更高。

ACC 是大脑中负责记忆、逻辑思考及做出理性判断的部位，是人在分析未知事物时使用到的重要区域。实验人员将该实验的结论定为：注重自由的人对新信息的敏感程度较高。

不久之后，加拿大的心理学家也进行了相同的实验并得到了相同的实验结果。这些实验的目的是分析对某一特定观念深信不疑并拥有牢固图式的人及与之相反的人之间的区别。

这些实验结果中，有一点不容忽视——即使是局限于某一信条中的固执态度及想法，也可能影响到与该信条毫无关系的认知活动。

因此，即便是在企业中，一味按照经验知识或图式思考问题的做法也可能使思维失去灵活性，使企业无法敏感地捕捉新的机遇或读取预示危机到来的信息。

即便乍看这些信息或征兆与商业毫无联系，思维灵活的人也能敏锐地意识到它们的存在，而拥有思维定式的人很可能会与其失之交臂。此外，实验中提到的 ACC 区域其实还有很多其他功能。特别是在人需要换位思考或与他人产生共鸣时，这一区域发挥着重要作用。

或许可以从脑科学的研究结果看出，拘泥于图式或某一想法的人容易无视他人的想法，我行我素。

如上所述，人在日常生活或工作经验中构建起的图式可能会影响或扭曲人在其他领域的认知或决策。

由此看来，问题解决者或管理者需要时常注意"自己的思维是否处于僵化状态"。

在世界范围内获得成功的管理者会下意识地阅读与商业毫不相关的书籍，加入与商业无关的群体，并将这种行为推荐给年轻人。从脑科学的研究观点看来，这一做法十分有意义。

主动积累在自己的事业或组织之外的人脉，将一部分时间和精力分配到与自己所在的商业圈不相干的"有趣"信息上，其实能够预防自己在开展商业活动时陷入固定的思维模式，从而让大脑保持"自由"状态。

2.9 "喜欢偷懒"的大脑

除图式外，"推断的过程"也会使认知产生偏向。

推断会对天空、雨、伞当中天空及雨的部分产生很大影响。

由于人的大脑拥有减负特性，因此在做推断或决策时，有时会受到特定事实的影响，或者面对事实却产生了理解上的偏差。

正如前文所述，人的大脑会利用直观推断处理复杂的外界信息。而发现这一现象的正是前文提到的心理学家卡尼曼的研究团队。

由于外界信息过于庞大，大脑不可能对其一一分析，因此便通过直观推断这一剪辑信息的方式减轻自身处理信息的负担。

在所有生物中，人类的大脑活动消耗的能量最多。甚至说大脑消耗的能量占人体消耗总能量的三成也不为过。若能节省大脑消耗的能量，便能提高身体能量的利用效率，因此大脑会采取减负行为。

直观推断是人有效进行日常活动的必要方式。

但是，有时这种剪辑功能会使人的推断或决策产生偏差。

直观推断包括很多内容，本书中笔者想着重介绍直观推断带来的偏向。

第一个是**"代表性直观推断造成的偏向"**。

代表性直观推断造成的偏向指的是用概率进行判断的偏向。即当某一事实发生后，大脑会做出下一次很有可能会发生另一种状况的判断。

例如，抛硬币的时候，连续 10 次抛出的均是正面，这时你的大脑便会产生下一次应该是反面的推断。

事实上，第 11 次会出现的结果与前 10 次的结果是各自独立的。无论是谁，冷静思考后都能得出概率永远是 1/2 的结论。

但有很多人会根据自己的直觉表示"下一次会出现反面"。

在实际的商业案例中经常会看到，这种代表性直观推断造成的偏向体现在"这么宣传的话之后的产品应该也能大卖"，或"这一类消费者倾向于购买该产品"等推断中。而如果这些推断本身不可信或不合理，便很容易使人推导出错误的结论。

另外，在商务工作中下一年度的计划安排要基于上一年度的良好业绩制订。但稍做思考便可知道，即便上一年度取得了良好业绩，也不代表该计划一定能为下一年度带来同样业绩。

但出乎意料的是，不分析上一年度取得良好业绩的原因，轻易将过去的结果与将来的期望联系到一起的思维方式比比皆是。

因此，在进行商业活动时，有必要警惕代表性直观推断造成的偏向。

第二个是"可得性直观推断造成的偏向"。

可得性直观推断造成的偏向指的是，人会根据脑海中浮现出的内容认为现实情况下也容易发生该现象。

当然，可得性直观推断也能够有效帮助大脑处理信息，但有时会使人的思维陷入极大的偏向或误区。

其实这不难理解，浮现于大脑的事物无法代表其产生的频率。不如说，人最先想起的是印象深刻或容易回忆的事物。

关于这一点，有一个众所周知的例子。听到交通事故造成的死亡事件时，人们容易想起飞机事故。事实上，在交通事故造成死亡的案例中，机动车造成的事故以压倒性的数量位居榜首。但因飞机事故被各种媒体广泛报道，容易使人将其储存于记忆中。

在商业世界中，给你留下深刻印象的消费者做出的反应，或是公司内部具有一定影响力的人的发言都容易留在记忆中并浮现于脑海，使你在做推断时产生"那位顾客都那么说了，就这么办吧"的想法。

实际上，在公司会议的资料中也经常能看到，针对新产品，一些给人留下深刻印象的评价会影响到会议的结论。

可见，人在处理信息时容易受到便于利用的记忆及信息影响，进而影响人的认知及决策。

以上便是直观推断所造成的偏向中的典型，相关研究还得出了其他种类的偏向，笔者不再赘述。

大脑为提高推断效率会采取直观推断的方法，而这一特性原本就存在于大脑内部。

但如前文所述，这一特性本身会带来思维偏向或误区。

2.10 被情感左右的人 ——"情感"对推断造成的影响

除大脑原有的直观推断会造成偏向外，情感因素也会影响推断，使认知产生偏差。

喜怒哀乐是最具代表性的情感，但其中包括的"自尊心""因恐惧与不安带来的自卫及逃避意识"也会极大影响图式或推断。

一般认为，积极的情感容易使图式发挥作用，消极的情感容易使人试图掌握现实情况并加以分析。这意味着，消极的情感比较不容易使推断及认知产生偏差。

的确，当人的情感处于积极状态时，事情的进展会较为顺利，从而容易让"既然这么顺利，现在的做法应该没有问题"的想法深入人的思维。即便眼前的做法出现了问题，人也会倾向于忽视这些问题。

相反，当人处于消极状态时，事情的进展大多比较困难。这种情况下，人较容易产生"为什么进展不顺利"的疑问，进而细致分析问题的原因所在。

但在实际的商务场合，常常混杂着其他情感，导致人的推断或认知产生偏差。

假设你的上司是一个自尊心很强的人。

职场中屡见不鲜的情况是，面对下属的提案，上司的做法其实是为了显示自己的权威。

甚至还有公司要求上司：当下属提出意见时，上司必须先说 No。他们认为上司这样做能起到良好作用，从不同的观点与下属展开讨论，而下属会为了反驳上司的看法，在深入思考之后再一次向上司提案，从而形成良性发展。

若上司的自尊心导致问题解决走上歧路，双方将无法进行具有建设性的讨论，还有可能变得针锋相对或得出错误结论。

倘若高桥的上司是为了使其提出更有效的建议而驳回他的意见，然而在讨论过程中，自尊心引导上司的思维朝着"我的意见才是正确的"这一方向转变，那么为了将自己的意见坚持到底，上司就会开始刻意给高桥的方案挑毛病。他会忽视自身主张中的不足，过度认同能支撑自身主张的事实依据。实际上，这种现象在职场中并不少见。

有人认为，这种现象发生的原因在于，面对他人的看法或想法，人常常习惯性地认为"自己更能客观地看待事实"。

相关研究结果也证明，"当他人的意见与自身相悖时，人会下意识地认为他人的意见存在偏差，或者他人收集的是错误情报"。

高桥的上司可能就受到了这种心理的影响。

在听高桥叙述的过程中，上司很有可能因受到自尊心影响，在潜意识中认为自己的意见更为正确，导致对真实情况的错误认识。

综上所述，自尊心会在人无意识的情况下影响其进行推断，使其产生判断的偏向。

除情感因素外，人的"期望"也会对推断产生影响。

例如，当你期待本公司开发的新产品极具市场竞争力时，你将偏向于听取消费者的积极评价，忽视负面的声音。

你会选择性地收集契合自身想法的信息。

实际上，包括高级管理层在内，公司内部的大多数人都认为本公司的产品理应得到良好评价，这种想法导致他们不能正确认识真实情况。

在日本的企业或组织中，常常能目睹这样的情况。

例如，笔者听说的近几年日本电器制造商向电视制造工厂过度投资的问题，也是由于制造商抱有期待，认为"虽然国外也在生产超薄电视，但从质量上看，消费者应该会选择日本制造"或"日本的竞争对手也在进行设备投资，但识货的消费者会选择我们公司的产品"，而这导致制造商们盲目地做出投资决策。

由此可以看出，人拥有的情感及期望会干扰自身的推断，影响自身对事实的理解。

在接下来的内容中，笔者将与读者一同思考组织中经常产生的认知偏差，这也是由集体的力量所致。

2.11　隐形的集体力量——日本企业中强大的"集体压力"

在笔者看来，日本企业中更容易产生严重的认知偏差。

因此，问题解决者必须深入理解日本企业或组织中的认知偏差、产生原因，即它如何作用于日本企业的组织当中。

例如，组织整体存在一种惯常反应，使得组织在应对某种情况时会采取过度警惕的态度。这是由什么原因导致的呢？

日本人身处东亚地区，与欧美人相比，通常行事更依赖周边环境的变化。因此，日本人很可能在行事过程中受制于周围无形或有形的压力。

在日本企业中，不懂察言观色的人易被当成麻烦人物，而大家眼中的优秀员工却过于察言观色，做事时总是谨防自己破坏组织的和谐。

这种思维会导致当事人在想要正确理解情况时，反而在潜意识中暗示自己顺从他人意见，从而造成组织整体都对这一状况采取过度警惕的态度。

这种文化因素进一步**使得日本企业中形成了员工服从集体的强大力量。**

因此，问题解决者若希望组织认可自身提出的解决方案并取得相应成果，就必须了解这股作用于日本企业的力量。

日本企业员工的人生选项很少

从雇佣关系上看，日本企业员工的观念受到日本劳动市场现状及日本企业雇佣体制的很大影响。

尽管目前有很多人换工作，但在换工作的人当中毕业生占多数。近年来，越来越多的年轻人开始注重稳定的生活，对终身雇佣制的需求也不断上升。

此外，与欧洲劳动市场相比，日本市场的换职机制不算成熟，甚至有人认为35岁之后跳槽会变得极其困难。

在流动性低的劳动市场及上述企业雇佣制度下，超过最佳跳槽年龄的人会认为，在目前就职的企业里待到退休是有利的选择。

在这种环境下，员工会有意识或无意识地产生怎样的想法？不难想象，肯定有人想尽量避免让企业遭受风险。特别是一些长期就职于该企业并打算继续从事这份工作的人，会将自己的命运与公司存亡紧密联系在一起。

日本员工常常将"我们公司"几个字挂在嘴边，这就是他们将自身命运与公司存亡捆绑在一起的充分体现。这种情况下，如果眼前的信息会对共同体产生威胁，公司中自然会有人以消极心态接收这些信息。

那么具体来看，这些人会作何反应，又会做何举动？

集体给予个人的压力

首先看一下来自集体的压力会对个人的推断造成什么影响。

假设高桥的上司（你要说服的对象）今后也想安稳地度过职业生涯，此时他会采取什么行动？

例如：

◎ 若高桥的上司（你要说服的对象）曾经在商品开发部门工作，直到现在还跟该部门有感情，那他会怎么回应高桥的意见？听到曾经的工作伙伴存在问题，他会赞同你的说法吗？

◎ 若高桥的上司认为这么做可能会影响自己的前程，希望能够相安无事地工作下去，他会怎么做？

这种情况下，上司一定不希望"商品性能存在问题"。笔者在文中也曾提到，人会在无意识中按照自己的期望筛选信息。

这也能看出，即便没有明显受到压力，人也会"遵从"自己的期望或组织的想法筛选信息，并在此基础上做出推断。

因此，高桥的上司有可能因为内心不希望"某种情况发生"

而偏向于"商品性能好"的想法，着重关注"消费者对本公司商品的好评"并得出"原因还是在营销力度"的错误结论。

调查结果显示，人会根据引发问题的责任方与自己的亲疏程度，判断对方在多大程度上为该问题负责。

当高桥的上司与现在的商品开发部关系较近时，上司内心便会产生"这个问题的原因不在商品本身"的想法，做出的推断也会受到这一想法的影响。

如上所述，人会为了保全自己，也为了自己的期望而做出错误的推断。

集体凝聚力极高的日本企业

前文描述的反应不仅会发生在个人，同样也会产生于集体或组织中。

如前面所述，日本企业中，很多员工都将自己的命运与公司捆绑在一起，从社会心理学的角度看，可将其描述为"集体凝聚力"很高的组织。

日本企业拥有以下几个公认的特点：

◎ 整体呈现均一化，个性化程度较低；

◎ 人员流动少，员工关系趋于长期化；

◎ 在某些层面依旧存在捆绑思想，存在工龄越高地位越高的思维。

此外，还包括：

◎ 企业管理尚未成熟，比起"外来意见"还是习惯接纳
　 "内部看法"；

◎ 权力及人事决定权依旧集中在高层管理者手中；

◎ 在社会大环境下，员工在职业上的选项（例如换工作的
　 机会）并不多；

◎ 在经济强国的背景下，曾在过去取得很大成功。

作为问题解决者，必须事先了解你要说服的组织存在以上
特点，因而容易产生认知偏差或做出带有偏向的决策。

那么，这样的组织究竟会产生何种认知偏差或偏向？

根据笔者的观察，同时拥有这几种特征的组织可能会出现
歪曲事实的情况。

较为典型的特征有以下几种。

"组织和员工均拥有很强的自尊心"

"组织和员工均拥有很强的自尊心"的组织便是一类典型。

这类组织是曾经取得很大成功的企业，或是长期保持较高
知名度的企业，且员工也为自己能成为该企业的员工感到十分
自豪。

接下来，我们一起来看看高桥所在的 A 公司的内部情况与

发展历史。

高桥所在公司的商品竞争力历来处于业界顶端，在市场中常年占据龙头地位，技术生产力也受到同行的认可，员工都为自己能进入 A 公司而感到自豪。

此外，高级管理层常年致力于提高商品竞争力，将其提升到如今的高度并创下许多业绩。组成高级管理层的大多是技术部门的成员，公司整体都将发展重心放在商品竞争力及技术层面。

这类组织或集团在日本随处可见。

"本公司的商品已不再受消费者好评"这一事实对于 A 公司来说一定难以立即接受。

无论是高级管理层还是普通员工，都以"A 公司拥有强大的商品竞争力"为豪，也以自己身在其中为豪。每一个员工的自尊心都依附于 A 公司及其商品。

因此，在 A 公司的高层管理者及普通员工看来，"商品已失去竞争力"或"消费者已不再看好 A 公司的商品"等信息是存在威胁的。这导致一些负面信息——即与自己的想法存在出入的信息，会遭到忽视。

这些现象被称为"利己偏向"或"有利于集体的偏向"。

这种偏向会使人"刻意回避不符合自我利益的信息"，使人产生"事情大获成功时是我们的功劳，一旦失败就是其他原因造成的"的思维方式。

这种偏向也存在于高桥的公司。

为明哲保身，做只对自己有利的事，便会在无意识中忽略真实情况。

其实不仅是日本，世界上有许多顶尖企业都因此走向了灭亡之路。

到目前为止，针对顶尖企业灭亡现象的研究主要集中在战略理论层面，但我们更应该关注的是，无法适应市场变化及消费者需求变化的顶尖企业内部究竟处于什么状况。身为问题解决者，应该事先了解顶尖企业中的高级管理层及普通员工的想法，弄清楚他们面对不断变化的外界环境，为什么在无意识中产生了抵抗情绪，采取逃避态度和选择忽略事实。

名为团体迷思的现象

与"利己偏向"并列的还有另外一种现象，极易存在于日本企业中，即整个团体出现的认知偏差或忽略事实，这在社会心理学上被称为"团体迷思"。

社会心理学研究显示，这一现象可能导致政治问题或重大事故的发生。目前社会心理学家正在着力研究出现这类问题的团体做出错误决策或采取错误行动的原因。

在社会心理学的定义中，团体迷思指**"在进行集体决策时，做出的决策往往会逊色于个人决策"**。

心理学家艾尔芬·詹尼斯认为，产生团体迷思现象的组织中存在以下问题及征兆。

◎ 从现有信息中提取出对自己有利的部分；

◎ 信息收集的范围越来越窄；

◎ 没有充分讨论其他可能性。

而易陷入团体迷思现象的组织有以下几种征兆。

对组织评价过高：

◎ 沉浸在"我们没问题"的幻想中；

◎ 信奉组织中固有的行为规范及伦理道德。

组织存在封闭性：

◎ 轻视来自外界的警告；

◎ 对外界团体抱有偏见，存在轻视态度。

一致性的压力：

◎ 在提出疑问前会先审视自身；

◎ 认为意见会被一致通过；

◎ 向反对意见施加压力；

◎ 当某一信息将要颠覆组织达成的一致意见时，为自保而
采取警惕态度。

当组织中存在以上8种征兆时，表明该组织容易出现团体
迷思现象。想必读者已经发现，上述特征很可能源自日本企业
的组织及雇佣体制拥有的特征。

笔者担心，日本组织当中存在的"管理能力弱""权力、人
事权呈现集中化"及"在现有社会环境下，人生选项较少"等
问题极可能进一步导致团体迷思现象的发生。

从好的方面看，注重共识的达成与组织内部和谐可以使团
队合作更加融洽。但也包括不好的一面——容易导致组织成员
难以提出异议，产生"不服从多数的话可能会影响到大家"的
想法，最终使得成员即使对结论抱有疑问也不能告知他人。

如果你在陷入团体迷思的组织中发言……

当组织中产生团体迷思现象时，该组织会对你的发言作何
反应？

最典型的两种情况是"毫无反应"及"反应稀少"。

有时你尽了最大努力发言，在场成员也倾听了你的发言内
容，但整个过程未出现积极的发言，在场成员都一副欲言又止
的模样。

特别是在日本企业中常常能见到用"沉默"无视外界的警

告，当某一信息将要颠覆组织达成的一致意见时，成员会为自保而采取警惕态度。

面对这样的组织，无论你提出多少符合逻辑的问题解决方法，来试图让组织成员接受自己的想法，也鲜少能够成功。

那么，该如何避免团体迷思现象的发生？

◎ 管理者应该批判性地评价成员的意见，鼓励团队成员针对某一想法提出反对意见或质疑；

◎ 在讨论的初始阶段，管理者不应表明自身的喜好或期望，不让组员看出自己偏向于哪一方的看法（即便管理者确实赞同该方观点）。

为避免团体成员一味讨论共同拥有的信息，导致新的信息无法进入讨论中，管理者应有意识地让组员提出新的意见或反对意见。

另外，为避开集体压力，管理者不应表明自身立场，在讨论过程中尽量扮演旁观者的角色。这种做法使讨论得以更加深入，为决策提供了更多选项。

此外，还有除管理者的作用之外的其他影响因素，具体内容如下所示。

◎ 让多个集体同时针对同一问题做决策；

　　◎　将集体分为几个小集体，对决策进行审议；
　　◎　在集体中安插负责提出反对意见的人。

　　以上也是改变组织结构的方法。

　　若集体中存在偏向，那就由不同成员组成的多个集体及下属集体创造出适宜集体成员陈述不同意见的环境，以遏制集体中的偏向。刻意将提供新信息或提出反对意见的角色安排到各个集体中，从而破坏个人拥有的图式。

　　这种方法能够让人摆脱常易陷入的附和集体的思维惯性，使人重新思考是否还存在更多可能的结果，是否还存在其他解决办法。借用卡尼曼的话说，这是一种让集体成员由快速思考转向慢速思考的方法。

小　结

　　如上所述，这一章主要阐述了图式及个人推断能够使人快速有效地认知外界信息，但同时这种认知结构存在一定缺陷。

　　面对拥有这些特征的人或集体，仅靠逻辑思维展开讨论或说服对方可能行不通。

　　许多逻辑思维者认为，只要掌握了逻辑思维，有逻辑地向对方说明自身想法，就可以获得对方的赞同。

　　但这种想法是错误的。

　　他人并不一定看到了你眼中的事实，和你有相同思考。人的认知会因"由经验及知识构成的图式带来的不良影响""推断的偏向"及"集体对决策的影响"而产生偏差。

真正的问题解决者指的是能充分了解人的感情及集团带来的压力等认知的动态机制的人。在寻找解决策略、实施交流战术时，必须将这些因素纳入思考范畴。

第三章

应对认知偏差的策略

首先要思考为什么认知会产生偏差，又是如何产生的。

3.1 如何应对认知的偏差

当我们遇到前两章介绍的认知偏差，应该如何应对？

处理这类问题的难点在于，对方的意见与自己不同并不代表对方的意见是错误的。

这其中肯定包括我方意见存在错误的情况。因此，当双方意见发生分歧，就立即断定对方的认知出现了偏差的想法是很危险的。

当双方意见不同时，我们有必要确认对方的看法是否符合逻辑，同时要认真了解对方为何会提出这样的主张、为何不能理解你的想法。

在听取对方意见时，你可以看看其意见是否符合以下条件。

◎ 天空：对方是否正确"认识现状"

· 对方对现状的认知是否建立在事实基础上——还是仅根据过去的经验或单纯的个人看法描述现状；

· 对于支撑其认知的事实是否存在个人偏向——是否

从各方面收集了信息？对方是否有选择地关注某一部分特定事实？

· 关于现状的总结性发言，是否是按其叙述的事实合理推导出的结论。

◎ 雨：对方是否正确推导出了现状背后的真正含义

· 推断是否受对方积累的经验影响；

· 推断是否因受对方的自尊心影响而产生错误的结论；

· 推断内容是否存在刻意避开坏结果的倾向，或者是否受特定期望的影响；

· 推断是否因集体压力而产生偏差。

◎ 伞：对方采取的行动是否前后一致，是否符合逻辑

· 对方采取的行动是否基于现状背后的含义并合乎逻辑；

· 对方的行动是否受过去成功经验的影响；

· 对方的行动是否经过毫无遗漏并符合逻辑的讨论；

· 对该行动的评价是否存在个人喜好等具有偏向性的因素。

以上便是听取对方意见时，可以用来判断对方意见是否合理的要素。

通过这一判断过程，我们可以知道对方的意见是否合理。如果不合理，我们也可以掌握对方拥有的图式并了解推断的情况。

在此基础上，根据对方情况改变交流方式的做法便是"逻辑 × 心理"交流法。

3.2 如何应对图式牢固的人

假设对方的认知受到过去的经验及图式的强烈影响，我们该怎么办？

笔者在前文介绍过，构建图式及推断的目的是让大脑有效处理来自外界的信息。根据图式及推断处理信息的方式属于快速思考，也被称为自上而下的处理方式。与之相对的是慢速思考，也被称为自下而上的处理方式。

直白地说，慢速思考即自下而上的处理方式，它细致地列出每一个事实，在此基础上分析现状并得出真实含义。这是逻辑思维的捷径，不需要依靠图式即可进行信息处理。

一般认为，引导那些受图式影响强烈的人按照自下而上的方式处理信息比较有效。

具体的方法是：**与对方一同亲眼见证事实、实物，一同收集信息，一同思考并采取行动。**

人的认知还存在另一特点，即比起"整理好的信息"，人的认知更易受"近在眼前的事实"影响。

　　利用这些特点，在面对图式牢固的人时，我们可以让对方亲自了解事实情况，与对方一起采取自下而上的信息处理方式并得出最终结果。

　　笔者曾经遇到过某家制造厂商的社长。这位社长常根据过去的成功经验解决问题，拥有极其牢固的图式。

　　笔者曾多次通过展示资料或汇报的方式告诉他顾客需求已经发生改变，但这些建议未被采纳。社长坚持相信自己的成功经验，并表示目前的做法依旧可行，双方意见僵持不下。

　　最终，笔者提议让社长亲自去倾听消费者的声音，陪同社长从北海道一直到九州，询问了全国消费者的意见。

　　这一行动的效果非常好。在一次次的事实确认过程中，通过消费者亲口表示需求已经变化，社长终于改变了自身想法，表示要采取新战略。这件事至今令笔者难忘。

　　从此也能看出，比起字面上的说明，还是亲身经历更让人信服。

3.3 如何应对受情感因素影响做出错误推断的人

当对方因情感因素使推断产生偏差时，若你也采取感性的应对方式，就会造成情感上的对立，而不能有效解决问题。

多数情况下，因情感因素导致决策或推断产生偏差的人，并未意识到自己的认知存在偏差。此时，如果你指出对方的决定只是为了"明哲保身"，只会让情况变得更复杂。

对于这类人，也有几种应对方法。

第一种，让对方意识到**"自己受情感因素影响，认知存在偏差"**的事实。

理想状态是，在与对方展开讨论前，先让对方了解"情感会带来偏向，人的思考会受情感因素影响"，这种做法非常有效。

例如，事先让对方知道积极或消极的感情会对图式及推断造成什么影响，自尊心过强会对推断造成什么影响。

通过这些简单的方式，会让对方意识到这些问题，并修正自己的想法。

如果在组织中采取这种做法，也许组员之间能够检查出对方是否受了情感偏向的影响。

那么，如果我们与对方已处于讨论状态又该怎么做？

这种情况下，我们必须从讨论过程中找出对方的偏向受到什么情感的影响，并根据对方的情感变化选择应对方法。

笔者在前文中提到过，积极的情感容易造成偏向。

在这种情境下，有意识地采取自下而上的方式，即让对方认识到事实情况或导致情况发生的真正原因是比较有效的。

如案例中所示，倘若对方受自尊心影响而采取防御态度，此时有效的解决办法便是找出使对方出现防御态度的原因，对症下药。

例如，你的意见可能会使对方产生"自己过去所做的成绩遭到了否定"的想法。此时，你可以在进入讨论时，先向对方表示"到目前为止你都做出了正确判断，但目前情况在不断发生改变……"，通过这种方式与对方交流，能够缓和对方感到自尊心受损的情绪。

简而言之，与产生防御态度的人交流时，要通过有意提醒对方**"问题的原因不在你"**来减轻其心理负担，让他不必为这个问题自责或责备团队中的成员。

在此基础上，与对方共同思考问题的原因，让其主动认识到现实情况及存在的问题。

例如，在沟通过程中，你可以高度评价过去的成绩，向对方表示："到目前为止，这种做法都顺利解决了问题，商品竞争力能够提高也归功于商品开发部，这造就了我们公司的市场竞争力。"但之后你也要提出"但我觉得最近市场竞争环境发生了转变，你怎么看"的意见。沟通过程中，**要在认可对方过去成绩的前提下，与其共同思考眼前问题的解决方法。**

若对方属于过于考虑他人立场的类型，觉得"无法责怪曾经和自己同属一个部门的同事"或"认为自己无法批评熟悉的人"，此时如果高层管理者能够向其传递"能在会议中提出讨论的人值得赞扬"或"在会议中一言不发的人对组织无益"等想法，可能会改变他已有的观念或原先的期望。

这一想法源自普林斯顿大学的心理学家丹尼尔·卡尼曼提出的**前景理论**。这一理论的提出令卡尼曼在 2002 年斩获了诺贝尔经济学奖。这一理论的重点在于，与报酬或所得利益相比，人更容易受到损失或惩罚的影响。

假设一个人偶然得到 1 万日元时的喜悦程度为 10，那么他在偶然失去 1 万日元时的悲伤程度要大于 10。虽然这一情感程度因人而异，但这无关文化及人种，可以说是人类普遍具有的倾向。

这表明风险信息比有益信息更能影响人，即**"不去做 ×× 会得到不良后果"**比**"做了 ×× 会得到好处"**更有效。从心理学的角度看，人更加关注风险信息的情况实属正常。因此，我们可以通过有意地强调收益性，或是利用风险信息占据优势地位的心理改变对方的行动。

综上所述，比起与对方直接沟通，找出要说服的对象为何会产生这种反应的做法乍一看好像更耗费时间，但这有可能是更快影响到更多人的有效方法。

3.4　如何应对采取防御态度的整个组织

前面说过，当整个组织都采取防御态度时，要改变这种态度会非常困难。该问题的产生与整个组织的历史与结构，以及整个社会环境有关。特别是日本企业深受这些因素的影响。

我们将场景设在前文提到的"自尊心高的组织和员工"的情境下。

应对这类组织的难点在于，组织中已形成了固定价值观及行为规范。这些价值观及行为规范早已作为企业文化植根于组织中，使身在其中的人无法认清现实情况。

企业文化领域的开创者艾德佳·沙因认为，这类企业首先必须"否定现状"。

否定现状指的是，让整个组织认识到"若继续现有的做法，组织将无法运行下去"。这一过程对"自尊心高的组织和员工"来说是痛苦的，但沙因通过各种各样的方法说明了"否定现状"的必要性。

沙因提出了以下两种"否定现状"的方法。

经济层面的威胁： 若不改变自我，便会失去竞争力。

技术层面的威胁： 若不改变自我，便赶不上时代的发展。

通过让对方感受到实际威胁，令其对组织今后的存亡产生"危机感"，引导其直面现实，进行再学习。

就笔者的经验而言，在上述沙因提出的沟通方法之上，寻找能正确认识危机的员工也是构成改革的重要步骤之一。

有的人在他人面前不愿表达自我见解，但从私人对话中能发现，该员工能正确捕捉到公司面临的危机。

笔者认为，有必要从这些人中选出具备领导力的一员，将其拥有的危机意识扩散到组织中。

不同于欧美企业，日本企业中很难找到自上而下的领导方式。有效方法是找一个能正确认识危机的中间人，通过此人让全体成员直面现实。

此外，陷入团体迷思的组织中，由于内部成员均承受着"不能发表异议"的无形压力，与会人员对外会有一致的表现。

正如笔者在肯尼迪的相关事例中所述，为了避免这种情况发生，**要让管理者或成员中某个人充当能积极提出反对意见的人，打破固有的讨论模式**。通过这种方式，可以为其他成员创造自由发言的环境。

问题解决者可以通过这种方式让组织接受直面"现实"。

3.5 你应该具备的能力

前文是当你"提出了符合逻辑的方案，却无法得到对方认可"时可以采取的应对方法。

当然，也有很多其他应对方法。但笔者认为，在实施这些方法时，都应该具备"观察能力""感同身受的能力"及"随机应变能力"。

"观察能力"指的是，从对方的发言、态度及立场推测出对方为何不能理解你的想法，为何对你的方案表现出不悦，或者为何反对你的方案。

例如，对方表示不理解你的方案。那么你在观察的时候，应该考虑多种可能，比如对方受到了过去经验的影响，或是因为想与周围的人保持一致，又或是因为赞同你的方案可能会有损他的自尊。

人会无意识或下意识地向外界输送信号，表明自己的情感或立场。令人意外的是，这些信号大多不会通过明确的言语传递，而是体现在人的表情、语气、态度或身处集体时的举止中。

我们必须及时捕捉这些信号，同时在保持自身认知不产生偏向的基础上，掌握对方的情况。

接下来，我们需要**发挥感同身受的能力，理解对方的处境。**有时，外界会觉得采取自保态度的组织或个人并未认真对待工作。但是，这样的态度也是人性的一种体现，因此我们应该将这一问题理解为无法用逻辑解决的情感问题。**通过提高与对方感同身受的能力，可能会找到未曾想到的解决方案。**

此外，从脑科学的观点也能看出这一能力的必要性。

脑科学的研究显示，大脑扁桃核（AMG）区域的活跃程度会影响感同身受的能力。扁桃核呈扁桃状，位于左右脑两侧较深处，掌管许多功能。比较常见的有，当人产生各种情感时，该区域会处于活跃状态。不仅如此，当推测他人情感时，也需要扁桃核区域发挥作用。

相关研究报告显示，根据他人的表情推测其情感状态时，扁桃核受损的患者无法分辨出恐惧与幸福的表情。

与他人感同身受，首先需要推测他人处于何种情感状态，再用感情进行理解。所以，我们有必要敏锐感知他人的情感变化。若扁桃核区域的活动较为迟钝，我们的基本感知能力可能会被削弱。为避免这种情况发生，试着在每天的日常生活中调动扁桃核的活跃性是较为有效的方法。

具体来说，我们可以与他人接触，展开对话。有意识地站在对方的立场，从对方的角度理解事物。这种方法被称为**"倾**

听"，是咨询及精神分析中最为基础的技能。**在谈话过程中不否定对方的言论，引导对方表达自己，跟随对方的节奏了解其内心深处的想法。**

有人认为，比起工作伙伴，能与你进行上述交谈的人更适合作为倾听对象。

例如配偶、恋人或亲友，等等。倾听他们的话语能提高你与他人感同身受的能力。

紧接着非常重要的是"随机应变能力"。

这是一种不完全依照逻辑寻求成果，随时根据对方的情况或情绪灵活应对的智慧。当你能够灵活改变想法或沟通方式时，对方的压力也会减小，这样有助于"倾听"。因为倾听的前提是我们必须完全接纳对方的想法。

小　结

本章重点阐述了对方的认知产生偏差时的应对方法。

要应对认知偏差，必须找出其原因并对症下药。

当对方拥有牢固的图式时，引导对方进行不易导致图式产生的慢速思考，让对方亲眼看见真实情况。营造出不易受图式影响的环境是有效的应对方法。

此外，当对方的认知偏差产生于情感因素时，我们应抛开自身情感的影响，告诉对方情感因素可能造成的影响，让对方意识到问题所在。

无论在什么情况下面对他人，我们都需要提高自身的观察能力、与他人感同身受的能力及随机应变能力。近年的科学研究结果也逐渐表明，在日常生活中不断活跃的大脑中的相关区域，能有效提高这些能力。我们应借助这些科学方法来应对认知偏差。

第四章

你的逻辑也存在偏差吗

小心存在于自身内部的偏差。

从第二章和第三章的内容得知，无论你向对方表达的看法多么合乎逻辑，在认知结构的影响下，对方看到的事实未必与你相同，因此也不一定得出和你相同的答案。

并且，这种情况也有可能发生在你自己身上。

正如第二章所述，掌握了逻辑思维的人常常容易掉入认知偏差的陷阱。这是由于人的大脑习惯用最能减轻负担的方式运作，此外，推断与决策容易受到由经验构成的图式、情感及集体压力的影响。

本章中，我们可以检测一下自己是否很容易掉入逻辑思维的陷阱，并思考防止自己掉入该陷阱的策略。

4.1　你是否很容易掉入逻辑思维的陷阱

在第二章的基础上，请测测自己是否很容易掉入逻辑思维的陷阱，尤其要检测一下自己产生认识偏差的可能性。希望你在阅读以下内容时，可以参照自身情况进行思考。

1. 习惯运用从经验中获得的知识。

2. 问题发生时，总是习惯参考之前的案例。

3. 认为自己的感知能力很强。

4. 对自己至今为止获得的经验及知识充满自信。

5. 有时不善于控制自己的感情。

6. 听到反对意见时会觉得愤怒。

7. 工作速度有时会受心情影响。

8. 习惯以组织达成的共识为重。

9. 有过于顾虑周边人想法的倾向。

10. 常有"我们公司……"或"那个人肯定会跳槽"的想法，内外区分很明确。

11. 会在认识后的短时间内评价一个人。

12. 提到不同职业的人，大脑中能浮现出对他们的印象。

13. 即便对方是同一个人，你对他的评价也时常发生改变。

1—4 项回答 YES 的人——易受由经验构成的图式影响

符合前四项的人，易受由经验构成的图式影响。这类人虽然依靠经验累积取得了相应成果，但也因此产生了依赖经验和知识解决问题的倾向。即便掌握了逻辑思维，在忙碌或急于得出结论时，还是习惯依照自身的经验行事，依赖图式思考。另外，即便认为自己是按照逻辑思考的，在思考过程中也很有可能偏重于容易利用的事例或经验，导致结论出现偏差。

举例来说，容易利用的事例有：偏向于听取具有影响力的消费者的意见；评价下属时并非公正地分析对方一整年的表现，而是通过最近 3 个月的表现得出结论。

在思考时你可能会选择易于回想的事例或经验，甚至筛选出符合自身假设的经验用于思考。

这一类型的人在天空、雨、伞的思维过程中，应格外注意天空这一步骤。

● 天空：掌握情况时应注意的事

如前所述，在观察天空情况时应该注意，人在收集相关事实信息时，容易采用"能够较快浮现于脑海"的事例。例如令你印象深刻的某件事，出自具有影响力的人或权威人士之口的某一事实，完全契合你的假设的某一事实，等等。

另外，比起平淡无奇的事实，不论好坏人都容易回想起现实生活中不太可能发生的事实。

这种偏向便是之前提过的"可得性直观推断带来的偏向"，人会认定"容易回想起"的事件更容易发生。

例如，消费者中的某一位是你认识多年的好友，那么这个人提出的意见便很容易留在你的记忆中。因此，如果对方告诉你"贵公司的商品竞争力没有降低"，这一信息便会留在你的脑海中，成为你回忆相关内容时的优先选项。

此外，上司在进行员工评价时，容易对员工最近的表现印象深刻，将近期发生的事情作为主要依据。

之所以需要注意这一偏向，是因为人容易将"回想起某件事的容易程度"等同于"实际情况中，这件事发生的概率很高"。

因此，当人产生这种偏向时，需要注意自己掌握的信息可能不能正确反映现实情况。

若要避免这一偏向发生，以下几种方法较为有效。

◎　不要轻易相信迅速浮现于脑海的事实；

◎　逐一分析收集到的事实信息；

◎　检查自己是否特别偏重某一特定事实；

◎ 听取他人意见的同时，让对方帮助自己判断自身收集的
事实信息是否客观。

5—7 项回答 YES 的人——易受情感因素影响

符合中间 5—7 项内容的人，其认知和思维可能易受情感
因素影响。

对于这类人来说，首先必须了解什么是情感因素的影响。

"愤怒"就是一个很易理解的例子。

假设晚一步进军市场的竞争对手效仿了你们公司的商品或
服务，提供的商品或服务与你们过于相似，你作为商品开发人
员一定会感到愤怒。不难想象你在商讨应对策略的会议上，会
向公司要求彻底实施相应策略击败对手。

此外，当你的下属在很重要的案子上失败，令你感到愤怒
时，你可能会因为这件事对下属做出过低评价。

如上所述，愤怒的情感可能会减弱人的危机感，导致人做
出错误判断。

另外，恐惧的情感可能会使人对危机过度敏感，从而局限
人所能采取的行动范围。

我们应该了解到，无论学习多少逻辑思考方法，也很难抵
抗得住较大的情感波动。

那么，逻辑思维者应该如何处理自身的情感？

据情感研究人员的分析，**人无法抑制情感的产生，但能减**

轻情感对自身的影响。

对此，有研究认为以下几种方法能有效减轻影响。

◎ 理解情感对认知及思维产生的影响；

◎ 将自身情感标签化，找寻其中原因——自己正处于什么
　情绪状态，为何会产生这种情绪；

◎ 自己叙述自己的情绪状态。

简单来说，通过"客观审视"情感，即将自我与情感分离，
能够有效减轻情感给自身带来的影响。

研究表示，有两个方法能简单有效地让人完成客观审视情
感的过程。

第一个方法非常简单。**当情绪上来时，做几次深呼吸**是很
有效的。

相关研究显示，情感的流露会使大脑中的情感回路活跃起
来，并使人体分泌出肾上腺素及睾丸素等，而这些激素容易诱
发人采取攻击行为。在这种情况下，人很有可能任由情绪爆发
并采取冲动行为。因此，我们有必要尽早脱离这种状态。目前，
科学研究也已证明，腹式深呼吸能活跃副交感神经，增加血清
素的分泌。血清素则会降低血压，也被称为幸福激素。所以，
深呼吸能够使人抑制自身的冲动行为。丹田呼吸等方式源自瑜
伽及禅宗。虽然这些以身心合一为终极目标的呼吸方式被认为

是最有效的方法，但简单的腹式深呼吸也能起到足够作用。

另一个实践方法是，**当怒气涌上心头时，试着切换到母语之外的语言模式。**

这听起来有点奇怪，但科学实验已证实其有效性。当你在做一个带有风险的判断时，与使用母语相比，采取第二语言的思维模式更能有效避免偏向产生，使人进行理性思考。

根据现实情况，除母语外掌握了一定程度的第二门语言的人可以尝试在"愤怒"的情绪下进入第二语言模式。当人使用母语外的语言，就会带动左脑的运作，此时大脑会检测你说的话是否符合正确语法，内容是否符合逻辑。也就是说，此时你的大脑必须进入理性思维状态。这一举动可以帮助你逃脱情感因素的束缚。

补充一点，使用第二语言除了能帮助自己摆脱情感因素的影响，还有其他益处。日常生活中，通过第二语言表达时，你需要思考如何正确表达，这也是训练逻辑思维的一种方式。

你的身边是否存在英文表达得更有条理的人？

产生这一神奇现象的原因在于，人在使用第二语言时用到的是左脑，因此比使用母语更具逻辑性。

如果你只会母语也没关系，可以下意识地让自己进入"理性思维模式"。比较典型的方法是，不需要张嘴表达，而是通过文章的形式描述你愤怒的理由。这里所说的文章并不是指在社交媒体上发布的短篇幅文字，而是由主谓语、修饰语及连接词构成并达到一定篇幅的文字。与使用第二语言相同，这种方式会使大脑进入逻辑思维模式，抑制人的冲动情绪。

● 假说思考的危险 ——进入雨、伞阶段时应注意的事

除了以上方法外，笔者还希望易受情绪影响的人在雨、伞的步骤中提高警惕。雨至伞的过程，是分析事实背后蕴含的真实含义，并由此得出相应行动的过程。

这一阶段中，你需要基于亲眼所见的事实提出假设，之后找出相关事实或用推论证实该假设的合理性。

目前，"假设思考"是一种广为人知的思考法，能够提高解决问题的效率及效果，对问题解决者来说是一项必备技能。但这一方法可能会因不恰当的使用方式或态度而转变成"危险的"思考法。

众所周知，人会有高估自己的推论或假设的倾向。一般认为，易怒或过度自信的人特别容易产生高估自我的倾向。这被称为**"过度自信造成的偏向"**。

这意味着，对自身的问题解决能力抱有自信又容易情绪化的人常常陷入这种偏向中。

有人认为，一旦陷入这种偏向，人便会寻找能证明自身假设的事实或证据，严重时还可能会刻意无视有悖于自身假设的事实。

笔者在演讲等场合提到由过度自信造成的偏向时，大部分

听众都会露出"我可不属于过度自信的人"的表情，即便是很有修养及见识的人也会表现出"很意外"的样子。

但是，通常我们**自身很难察觉过度自信带来的偏向，它会在不知不觉间产生，并在无意识中影响人的推断或逻辑思考**。

越是优秀的人越需要注意这一偏向。

那么，如何避免自己陷入这种偏向？

一个有效方法是，**让他人对你的过度自信提出质疑**。面对可能过度自信的人，可以刻意提出不同意见，让对方意识到自己存在偏向。在笔者的工作中也时常发生这类场景。

并且，在受到他人的质疑后，也能发现自己过度自信以致太过拘泥于自己提出的假设。

通过互相提出质疑，指出对方问题所在，能够有效避免这一偏向。

当你独自一人时，**"自主思考，对自己的假设提出疑问"**也能起到有效作用。

让自己成为自己的"讨论对手"，如此一来，就必须收集更多事实及推断来反驳自己。

如上所述，一旦你的逻辑思维出现漏洞，那么你收集的事实就可能缺乏客观性，**你的自信就可能让你掉入偏向陷阱**。

8—10 项回答 YES 的人 —— 易受他人的影响

自身情况符合 8—10 项的人，对组织的服从性高。这样的

人可能会为了更好地与组织或其他成员的意见保持一致而歪曲自身逻辑。

这样的人需要确认自己是否倾向于让自我认知或逻辑与他人保持统一。

他人究竟会对个人判断产生多大影响？心理学领域中已做过相关实验，结果显示，实验对象均表现出与他人意见保持一致的倾向。

特别是在现实的管理工作中，很多时候问题都没有正确答案，此时人会忽略摆在眼前的"事实"，以"大家都认为这样是对的"为依据判断自身想法是否正确。

此外，人都希望外界提高对自我的评价。

因此，我们常常会考虑"提出不同意见会不会降低外界对我的评价"或"如果我说得比较容易让人接受，是不是就能提高他人对我的评价"。这类想法会在无形中歪曲事实或逻辑思考。

例如，你多次向高级管理层提出应该采取某一对策，并解释了这一对策的利弊。

要实施这一对策，存在 A、B、C 3 种方案。为评价这 3 个方案，你正在分析每个方案利弊的权重。

在这一过程中，你开始顾及周遭的想法，而这一行为会在不知不觉中改变这些方案利弊的权重。

现实中，日本企业就常常在是否"取消"某业务等问题上做出错误决策。

当企业在商讨今后是否继续发展某一业务或销售某一产品时，即便分析结果表明继续该业务存在很大困难，企业内部人员依旧会以"今后新产品的推出或许可以挽救该业务"为由做出"继续该业务"的决定。这种事例在日企中屡见不鲜。

此时，大多数企业会高估新产品的市场竞争力及销售额，并在心中描绘出一幅该业务"今后会以 V 字型走向恢复活力"的美好画面。

当然，这一结果在当事人心中是符合逻辑的，然而多数情况下我们能感受到其对待评价的随意性。

这种随意性通常不是当事人的刻意行为，而是在无意识中产生的。比如"当事人期待得到他人的理解"或"这是管理层非常重视且花费很多心思推进的业务""这一业务的取消可能会使同伴的努力白费""根据情况可能会导致公司裁员"等想法会悄然渗入当事人的分析或决策行为中，导致偏差的产生。

由于这种行为是在无意识中产生的，所以**在构建逻辑框架的过程中有意识地检查自己是否受到他人影响**，能有效帮助这类人摆脱这一倾向。

11—13 项回答 YES 的人——易在对他人的认知上产生偏向

11—13 项检测的是你在对他人的认知上是否存在偏向。

人的认知偏差不仅发生在对商务状况的了解上，还存在于对他人的认知上。

需要注意的一点是，**对他人的认知偏差**也是在无意识中发生的。

由于第一章中并未阐述与人相关的认知偏差，因此笔者将在本章的最后具体叙述对他人的认知偏差。

Case "他应该是这样的人才对"——先入为主的观念易带来错误评价

铃木终于从销售部被调入期待已久的经营企划部。

由于这是铃木翘首以盼的人事调动，因此他打起十二分精神与上司进行了首次面谈。

公司内部都对经营企划部上司的工作能力予以很高评价，因此你在首次面谈中也尽量不让自己出现一丝纰漏。

上司：你之前就一直希望能调到这个部门，恭喜你愿望成真了。

铃木：谢谢。

上司：进入这个部门之后，你希望做些什么？

铃木：因为我原先是销售部的，所以对现场的实际情况还是比较了解的。但是，这次好不容易来到经营企划部，所以我想参与到公司整体的经营工作中，比如从事数据分析或制定经营战略，等等。

上司：原来如此。你是销售出身，感觉你很擅长与客户沟通或办一些现场活动。除此之外，还有什么强项吗？

铃木：因为我有销售经验及一定的人际关系网，所以比较擅长与人沟通。

上司：我想也是。我没什么市场销售经验，所以这方面能力比较欠缺。你应该很擅长将策略落实到实际操作中，或者从销售前线收集相关信息吧？正好现在我们在制定一个新的销售战略，希望你负责战略实施的相关工作，我看好你。

在结束了与上司的紧张面谈后，铃木终于松了一口气。但在安心之余，他的内心浮现出了一丝忧虑。正如公司成员评价的那样，上司非常优秀，但对销售出身的人似乎抱有先入为主的观念。铃木认为，上司仅凭他原本是销售人员这一点就完成了对他的评价。

● 无意识中评价他人 ——"认识他人的图式"

第二章叙述了由知识网络构成的图式，其中，除了与认识事实状况及问题相关的图式外，还包括与认识他人及社会角色相关的图式。

与认识他人相关的图式中，人会下意识地认为"那个人就是那样的"，这种先入为主的观念被称为"个人图式"。

此外还有"角色图式"，这种图式会让人对某种职业、性别、属于某一社会团体的人产生固定思维，认为"他在做这个工作，那他就是这类人""他属于那个集团，那么他一定是那种人"。

那么，我们拥有的角色图式究竟是怎样的？

各位读者可以试着想象一下，从事以下职业的人在你心中是什么形象？

◎ 风投企业管理者

◎ 银行职员

◎ 公务员

◎ 政治家

◎ 教师

◎ 消防员

◎ 护士

想必大家在看到这些职业时，脑海中已经浮现出典型的"风投企业管理者"或"银行职员"的形象了吧。

这就是大家对于从事以上职业的人持有的印象，也就是图式。

这些浮于脑海的特征来自我们以往的所见所闻，由一次次的印象累积而成。

如第二章所述，一旦形成了某种印象，人就会在无意识中选择符合该印象的信息，产生强化自身持有的印象的倾向。

倘若风投企业管理者给你留下的是"精力充沛"的形象，那么你将把焦点放在与该人精力充沛相关的事件上，有选择性地收集能证明对方精力充沛的事实。

最终，你将得出"果然不出我所料，风投企业管理者的确精力充沛"的结论。

再比如，公务员在你心中是"刻板"的形象，此时你会不断收集公务员的刻板行为，通过不断强化自身持有的印象得出"你看，公务员果然很刻板"的结论。

● 铃木为何会被贴上标签

本案例中，铃木在经营企划部遇到的新上司其实也掉入了这个陷阱。

听到铃木之前在做销售，上司的脑中随即浮现出以下图式。

"之前是销售人员"："擅长与客户沟通""擅长开展现场活动"。

此外，虽然铃木叙述了对工作的展望，但进入上司脑中的只有符合其内在图式的信息，铃木的想法并未得到上司的理解。显然，这其中产生了信息筛选。

诸如此类的对话想必很常见。

在这一事例中，上司的大脑对"销售"一词产生了**"刻板印象"**，也就是说，人在接收某一特定信息时，大脑会自动浮现相应内容并以此为依据展开思考或对话。

● 逻辑达人容易掉入的陷阱

即使是掌握了逻辑思维的人，在评价他人时也常常带有"刻板印象"。

原因在于，在逻辑思维的学习过程中，人类几乎没有被列为研究对象。因此，无论是谁都几乎未曾依照逻辑理解他人，**导致人在评判他人时，容易依赖自我图式，对他人产生刻板印象。**

但是，逻辑思维者有时也会利用"看似合乎逻辑"的说法评价他人。

实际上，这种做法比依赖图式评判他人更糟糕。

这是因为，当我们以一副评价的姿态，"好像很有道理"地评价他人时，会使身边的人难以辩驳，导致个人对某一个人的描述或评价变成全体成员的共识。

最终我们会得出极其浮于表面、单一刻板的人物评价。

那么，究竟什么才是"看似合乎逻辑"的对人的逻辑思考？

笔者用了"看似合乎逻辑"这一说法，进一步说，**评判他人时可以使用商业领域中的逻辑思维，更为慎重地进行判断。**

心理学家或脑科学家在研究人时，会设定好严格的研究环境等各种条件后再展开实验或研究。

然而用于商业领域的逻辑思维并不是在实验室实现的，而是在商业世界中。因此，与科学实验研究中构建的缜密逻辑不同，逻辑思维只能构建出"有认同感"的逻辑框架。

例如，心理学的研究实验需要以千人为单位，有时甚至需要以万人为单位的实验数据才能进行。但在商业领域构建逻辑框架所需的案例最多是两位数，分析竞争对手的情况时甚至用不到两位数的案例。商业领域中，即便只收集了三四个案例，只要是具有代表性的竞争案例，就会令人产生"认同感"，并据此推断出整体情况。

但是，即便在商业环境中，我们也不能按上述方式评判他人。

例如：

A 之前是销售人员，擅长与客户沟通；

B 之前是销售人员，也擅长与客户沟通；

C 之前是销售人员，也擅长与客户沟通。

因此，来自销售部的铃木应该也擅长与客户沟通。

想必各位读者已经发现，仅凭上述几个例子无法正确评价铃木。

但这的确属于归纳法的思考方式，看似合乎逻辑。

这种方式之所以牵强，是由于人具有多样性。仅凭上述几个事例不足以总结销售部成员的一般特征。

因此，我们需要知道即便掌握了逻辑思维，在面对人或集体等具有多样性的人或物时，用少数事例得出一般性结论的做法具有风险。

4.2　Think about Thinking

无论是对事实情况的认知还是对他人的认知，只要是人，就很难使自身认识或思考避开图式、情绪及集体压力的影响。

但笔者认为，我们可以时常客观地审视自我，创造能够客观审视自我的条件。

曾有一位科学家告诉笔者：“所谓一流科学家，就是能将自己的想法摆在桌面上，与其他科学家站在同一立场客观评价自身想法的人。”

这句话的含义是，我们要具备能够跳出自身认识或思考，客观审视自身想法的能力。

“Think about Thinking”指的是自己验证（think）自身的图式或思考过程（thinking）。

为了客观审视自身的想法，我们需要问自己以下问题。

◎　我的想法是否受过去成功经验的影响？

◎　我的想法是否受特定知识的影响？

◎ 我的想法是否受情绪影响？

◎ 我的想法是否受欲望影响？

◎ 我的想法是否受特定期望的影响？

◎ 我的想法是否在无意识地向组织的意愿靠近，受到组织
　期待的影响？

◎ 我是否因顾及其他成员而得出了带有偏差的结论？

但也许有人不擅长自我提问。

此时的有效方法是"寻找能够帮自己客观审视自我的人或创造这样的环境"。

在某个公司中，当员工提出与新产品相关的想法时，必须履行在公司内找到 3 个赞同该想法的人的义务。

这就要求员工提出的不是一己之见，而是能够获得他人赞同的想法。在这一过程中，创造环境以听取其他 3 人对该想法的理解及批评意见，可以帮自己验证该想法是否受到思维定式或期待的影响。

还有更简单的方法，可以像这样借助他人完成对自己的客观审视。

我有一个咨询师朋友，他会有意识地对人详尽说明自己的想法和逻辑，让对方帮忙确认自己的逻辑架构和想法是否正确，是否对其拥有认同感。

为此你必须愿意接受批评，拥有"开放的心态"和"谦虚

的态度"，这是修正并避免偏差的根本。

小　结

本章主要叙述的是，在第二章和第三章讲到的认知偏差也可能发生在你自己身上。

你可能会因经验的累积而受到图式的影响，因受到情绪影响而产生认知偏差，也可能因过于顾及组织而使认知产生偏差。

另外，人类拥有"个人图式"，有对人产生刻板印象的危险，所以有时你可能并没有正确看待对方。还需要注意，对人的分析与商务分析是不同的。

为了避免落入图式和认知偏差的陷阱，有效的方法是对自己进行客观审视，思考自己的想法中是否产生了偏差。

第五章

左右"积极性"的价值观

他们"为什么没有积极性"?

价值观会在潜意识中影响人的行为。

5.1 什么是价值观——人的行动过程

假设认知偏差得到消除，你与对方正确理解了现状和存在的问题，针对应采取的行动也达成了共识，那么接下来你们要做的就是将解决方法付诸实践。

你是否有过这样的经历？大家都了解接下来应如何行动，但你却感受不到他们的积极性，看不到他们想要改变的迹象。

此外，你或许还会发现，虽然身处同一公司，另一部门的想法与做事风格却与你所在的部门大相径庭，公司内各部门无法保持步调一致。

人在行动前，要经过"理解现状""接受行动的原因或必要性""产生积极性""采取行动"等一系列过程。

当他人或组织未按自身想法行动时，逻辑思维者常会选择特别的奖励机制解决这一问题。

但多数情况下，无论逻辑思维者为对方提供何种奖励机制，他人或组织还是"不会上钩"，然后一切又逐渐恢复原状。

为什么会发生这样的问题？在第五章，我们将一起探讨

"积极性不高"的问题。

心理学及社会心理学针对人为何会采取某一行为或不采取该行为做了相关研究。

在众多研究中，笔者希望用"价值观"来解释上述问题。通过分析价值观，能很好地说明在实际的商务环境中组织或身处其中的人选择采取或不采取行动的原因。

在从事企业咨询工作的过程中我常常会发现，任何组织或个人都拥有特定的价值观。

这些价值观包括"注重公司内部和谐""顾客至上""真诚""质量第一""自由开放""独立""公平"，等等。

在涉及个人时，这些内容被称为"价值观"，上升到组织时则称作"共同价值观"。

"价值观"在日本词典《广辞苑》第 6 版中的定义是：价值观是人认定事物价值的一种思维方式，是人判断事物善恶好坏等价值时需要依照的核心思维。心理学领域针对价值的研究表明，"价值"能够使人产生行动、赋予行为意义。这也表示，人和组织会根据价值观找到行动的意义，之后再采取行动。可以说，价值观是导致人采取某一行为的原因。理解了价值观的含义后，我们就能明白人为何对逻辑推导出的实施方案无动于衷了。这是由于逻辑推导出的方案并不符合对方的价值观。

因为不符合自身价值观，所以对方不愿意积极采取行动，即便行动也只是勉强行动。因此，随着时间的推移，他们的行动会逐渐回到符合自身价值观的模式。

从为企业提供咨询的立场来看，笔者认为在思考如何调动他人或组织积极性时，应该更加重视价值观带来的影响。

特别是当一个集体的优势是拥有"共同价值观"时，反而有可能成为逻辑思维者推动组织落实某一方案的巨大阻碍。我们在思考公司为何不采取行动，或者为何同一公司的各部门会因意见不合导致项目停滞时，应该注意这一要点。

即便在同一公司，集体的价值观也会由于部门或业务的不同而产生差异。

例如，生产部、销售部及开发部之间拥有不同价值观的情况不在少数。

假设生产部在运营过程中注重产品质量、成本、交付期限等要素，那么提高产品质量将逐渐成为这一生产组织的价值观，而这一价值观将影响这一集体中的成员。

与之相对，注重创造性的开发部也会产生同样的情况，即培养创造性将成为其价值观。

想必各位读者也常遇到两个部门因价值观不同而在某件事上僵持不下的情况。

以遵守规则为重的生产部与更为重视创意想法的开发部，在工作方式或对某一问题的处理上常会产生意见摩擦，结论通常会回到同意总的解决方案，但不赞同对方的具体实施方式上。

综上来看，在调动其他部门的行动积极性时，需要留意价值观的差异。

5.2 日本企业与欧美企业对"价值观"的重视程度存在差异

笔者希望共同价值观得到关注的另一个原因在于，日本企业与欧美企业在企业改革过程中对"价值观"的重视程度存在差异。

在人才流动频繁的欧美企业中，常会推行企业改革或新的发展方针。当这些改革或方针与企业沿用至今的价值观有很大出入时，员工可以选择是否遵从新的方针与价值观，也可以因自己不赞同这一方针或价值观而选择跳槽到另一家企业。欧美国家的外部劳动市场成熟度及个人的职业意识与日本不同，因此造成了这一差异。

但是日本企业与员工之间的关系更为长久，员工对企业拥有强烈归属感且外部可选项少，因此员工会做出"留在这家公司，带着原有的价值观应对新策略"的选择。

实际上，在日本企业中，因上述原因选择"留在目前的公司，同时维持现存价值观"的员工并不在少数。并且他们不会明确反对新方针，而是表现在沉默、不作为或者勉强赞成的态度上，即"并非真心想要落实新方针"。

此外，日本企业与员工间的长期关系与人才流动频率低等因素，为企业或部门提供了容易拥有共同价值观的环境，价值观形成后会影响集体内部的方方面面，从而使该价值观进一步强化，形成"价值观强化的循环"。（见图5）

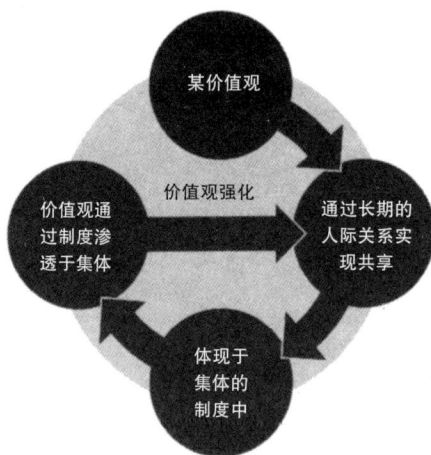

图5　价值观强化的循环结构

价值观会体现在上司与下属、前辈与后辈等人际关系中，以及人事评价制度和升职制度等组织框架中。

并且会持续体现在员工"这样的想法或行为在我们公司或部门会受到好评"的思维模式中。

这种组织内部的共同价值观曾获得海外企业的赞许，他们认为"日本企业中只要全体成员认同了某一方针就会立即采取相应行动"。这一价值观也是日本企业保持行动一致性的原动力。

然而，若方针不符合全体成员的价值观，并且部门之间的价值观也存在分歧，要调动集体积极性就会非常困难。

因此，日本企业面临的一大难题并不是个人的价值观，而是组织中不断被强化的"共同价值观"。

更棘手的是，大家并未明确意识到这些价值观的存在，而是在无意识中受其影响。

因此，组织内部常会发生一些外部人员或其他行业的人员无法理解的事。

那么，我们可以看看当组织采取与"共同价值观"不相符的行动时会发生什么。

后文介绍了日本企业或组织中存在的典型的价值观问题。

5.3 当组织采取与"共同价值观"不相符的行动时会发生什么

"顾客至上"与"提高效率"间的矛盾

公司为提高企业收益，制定了"产品制造标准化"和"服务标准化"的新战略，希望以此提高企业效率。

从经营角度来说这是理所当然的方针，在组织中却经常不被接受。员工都明白该方针的合理性，却迟迟不愿付诸实践。

假设"顾客至上"一直是员工的共同价值观，那么员工是根据"要尽可能地满足顾客需求"的思维行动的。基于这一思维行动的员工在实际操作过程中获得了"真不愧是 ××，还好拜托你了"的赞赏，这比金钱更能让员工感到喜悦。这种回馈被称为**"非货币性薪酬"**，它更能调动员工积极性。

员工的这种做法并未忽视企业利益或效率，只是采取了符合价值观的行动并获得了相应的报酬。

除此之外，这些来自顾客的感谢不仅能感动员工，还为员工带来"自己解决了顾客的难题"的成就感。这样一来，员工将更积极地参与到工作中。

员工正在通过这些工作获得满足及成就感，但新的经营方针要求实现"统一化"及"产品制造标准化"，这会使员工陷入巨大的矛盾。因为销售前线的员工会发现，实现统一化及产品制造标准化意味着他们无法满足顾客的所有需求。

这意味着有时需要员工拒绝顾客的需求，提供"标准化"的商品或服务。

而这会导致顾客满意度降低。

当公司提出这一经营方针时，员工认为这是今后发展的"正确方向"，但在实践过程中却意识到了其中的矛盾。

在这一矛盾的情况下，员工会做何举动？

他会按照经营方针，将实现统一化及产品制造标准化放在优先位置，拒绝顾客的需求吗？

事实并非如此。大部分员工还是会一如既往地满足顾客的需求。这就使得产品制造无法实现标准化，市场上出现的依旧是缺乏统一性的商品。

对一直持有"顾客至上"价值观的员工来说，顾客就在自己的对面，要拒绝顾客的需求十分困难。因此，产品制造标准化和统一化就成了员工"尽量去做的事情"，最终也没有将经营方针贯彻到底。

"顾客至上"的员工在遇到不同价值观时，会在潜意识中受到自身价值观的驱使而采取反抗心理。事实上，这类员工在日本企业中数不胜数。

特别是在 B to B（企业之间的贸易往来）中，依然有很多向其他企业提供产品或服务的企业会"根据不同客户的需求"提供不同产品，难以推进服务统一化及产品制造标准化，导致每件产品成本提高，企业无法获得较高利润。

"质量第一、技术为重"与" 满足顾客需求"间的矛盾

企业在制定经营方针时，常会提出满足顾客需求或顾客跟踪等策略。

想必职场中的每个人都听公司提出过"今后我们要更进一步掌握顾客需求"的方针。

不过，如果在此之前产品质量或技术第一是该企业的共同价值观，那么"满足顾客需求"的方针就可能无法在公司内部推广并发挥作用。

提出"满足顾客需求"方针的人可能会认为，"这不是理所当然的吗？为什么会办不到？"但的确存在以下原因，导致新方针无法被员工广泛接受。

有时，即便人或组织重视产品质量与技术，同时已经明确了顾客需求，还是会遇到该需求与员工追求的技术或质量标准不符的情况。

具体来说，顾客可能会认为"我不需要质量这么好的商品，也不需要这么多功能，不如省去这些功夫降低商品价格来得实惠"。这样一来，对自家公司的技术与产品质量水平持有信心，并以这份工作为豪的员工便会陷入"就算了解顾客需求，自己还是会存在不满"的状态。这是由于即便该员工满足了顾客需求，依旧不能满足自己对工作的需求。

这类企业的目标是使产品质量与技术水平保持行业领先地位，通过不断实现更高水平的目标取得"成就感"。这是这类企业的共同价值观，也是其获得满足的原动力。

当共同价值观与顾客需求一致时不会存在任何问题，但有时技术水平或产品质量的标准会与顾客需求存在偏差。

在这种情况下，当员工发现自己无法从掌握顾客需求这一方针中获得满足，便会逐渐失去满足顾客需求的积极性，再次回归到提高产品质量或技术水平的工作状态中。

自由与统一——"离心力"与"向心力"间的平衡关系

笔者将借助事例介绍存在于组织管理模式中的价值观。

一般来说，"自由开放的企业文化"或"通情达理的企业文化"等被认为是优秀组织拥有的典型价值观。在这类组织中，"自由开放""自律"及"无上下级之分"的价值观根植于每个成员的思维中。

在这类企业中，每个员工自觉确定工作目标或内容，并将自由视为工作的价值所在。无须上级下达指示,自行决定、自主行动的方式能很好地调动员工积极性。

仔细观察这些自由企业的发展历程会发现,这些共同价值观几乎都源自企业创始人。

这些创始人重视员工的创造力或个性,为了让这种能力得到充分发挥而建立了自由开放的企业文化,并努力让每一位员工在工作中形成这一价值观。

这样的企业在来自创始人的"向心力"与名为自由的"离心力"间取得了良好平衡并发展至今。

但许多例子是,在创始人脱离集体后,公司内部只剩下"离心力",整个公司因此陷入一盘散沙的状态。

当集体中出现一个能够提供与创始人同等"向心力"的管理者时,情况可以得到改善,但如果没有出现这样的管理者,"自由"的企业文化便有可能在集团中产生过大的离心力,导致整个企业土崩瓦解。

在只剩下离心力的组织中,员工可能会产生不好的倾向。他们只服从拥有不逊色于创始人的向心力的管理者。他们会在潜意识的作用下,将每一位上任的管理者与一直受到自己尊敬的创始人做比较,并且不会由衷地认可新领导或战略制定人的意见。在这种情况下,如果新的管理者强行要求员工统一意见,会让员工觉得自己长期遵循的"自由"价值观受到践踏,从而展开强烈反对。

面对这样的组织，一个不具有足够向心力的战略制定人或逻辑思维者很难让员工"落实新方针"。此外，有时员工还会因为自己的行为将遭到控制而产生反抗情绪，对新方针采取无视态度。

5.4 "价值观"赋予行为意义

如前面事例所示，组织拥有的价值观将在很大程度上影响你的想法或行动。即便有人认为你的想法存在合理性，也无法真心认同并将其体现在实际行动中。

因此，在调动组织积极性时，了解该组织的共同价值观极其重要。

如前文所述，心理学研究认为"价值观"能够"使人产生行动""赋予行为意义"。同样地，存在于组织中的价值观能使企业或员工产生特定行为，反之也能抑制其某种行为。

因此，仅凭符合逻辑的说明可能无法取得相关人员的认可，我们必须了解其所属组织拥有何种价值观，以便调动其积极性落实我们的方案。

那么问题解决者应如何掌握对方组织拥有的价值观呢？

价值观存在于人的思维中，难以直接捕捉。但我们可以根据他人或组织进行的某一判断或采取某一行为的理由，又或是从多个选项中选中某一特定选项的理由，来推测出对方的价值观。此外，专业的方法是通过企业文化调查或企业文化测验的方式推断出共同价值观。

以下是笔者根据自身至今的经验及研究人员的整理总结出的典型价值观的类型。

● **典型的价值观类型**

顾客至上型：满足顾客需求

社会贡献型：解决社会问题，为社会做贡献

维持关系型：与顾客或客户企业等相关人员保持良好关系

解决问题型：解决顾客或技术层面的难题

精益求精型：不断提高产品质量或技术水平

逻辑型、合理型：注重事物的逻辑性

创造型：重视创造新事物和新服务

改善型：时常改善工作内容，提高产品质量及降低成本

重视效率型：通过高效的工作提高收益

注重收益型：提高企业利润或营业总额

统一型：重视组织秩序，提高组织统一程度

平等型：组织中无上下之分，提倡平等

以上就是典型的价值观。

当然，上述内容并未涵盖所有价值观类型，不过在我们需要掌握组织的价值观时，上述内容将起到很好的参考作用。

你可以通过留意你想了解的组织在做决策或采取行动时

"注重什么"，来判断该组织的价值观符合上述哪种类型。

特别是在面对一些相互对立的问题时，例如"应该重视收益，还是提高服务水平与产品质量""应该重视创新，还是即便模仿其他公司的产品也坚决不能落后于市场"等，个人的选择会清晰地体现出一个组织的价值观。

通过观察一个组织在面对相对立的策略时会作何选择，或通过询问该组织处于此类状况时会做出什么决策或采取什么行动，就能推断出该组织重视的是何种价值观。

我们可以通过提出以下问题来明确某一组织的价值观。

◎ 你们为什么选择这么做？

◎ 在众多可能性中，为什么你们选择了这一项？

◎ 假设你们处于 ×× 情况，会怎么做？

◎ 如果存在 A 与 B 两个选项，你们会选哪个？

5.5　明确价值观后该怎么办

当你推断出某一组织的价值观，且发现这一价值观将阻碍新方针的落实后，应该采取什么解决策略？

首先，我们需要了解组织中的共同价值观是如何形成的。

组织中的共同价值观是在硬件条件和软件条件的不断积累中形成的。其中，硬件条件包括企业或部门的发展历程、创办理念或创始人自身的价值观、在此基础上建立起的各项制度，例如人事评价制度、薪酬制度及升职制度等。软件条件则包括上司的指导、学习模范前辈的工作态度等。

因此，当我们要改变组织的共同价值观时，仅对员工下达通知是不够的。我们必须从硬件条件与软件条件着手，改变支撑价值观延续至今的组织结构与行为模式。

反过来说，组织明确了新的价值观却无法在内部推广的原因在于，沿用至今的价值观的硬件条件和软件条件依旧存在于组织中，并在无形之中维持着原有的价值观，导致新的价值观无法在员工心中扎根，也无法调动员工积极性，最后变成一句浮于表面的口号。

以下是关于价值观转变流程的案例。

Case 从"顾客至上"到"兼顾顾客需求与经济效益"

有一家名为 A 社的电子元件制造公司。

多年来,这家公司的营业额不断上升,但获得的利润却不高。其原因在于公司长年根据客户需求提供定制化产品,多数单品都处于成本高于售价的状况。

公司领导已经多次提出这个问题,每当领导指出问题所在时,情况会有所好转,但时间一长员工又回到了为顾客提供定制化产品的状态。

负责解决这个问题的松本认为,这个问题存在了这么长时间却无法根治的原因,在于组织或内部成员存在某些根本问题。

于是,他对相关人员进行了询问,得出以下结果:

◎ 工程设计师与销售人员均充分了解公司提出的方针及收益的重要性。

◎ 但是,他们认为使用统一化或标准化的产品可能会失去客户,这也意味着自己失去了价值。

◎ 实际上,从他们进公司起,身边的人就告诉他们满足顾客需求是正确的。这么做不仅能得到顾客的好评,自

己在公司内部和人事方面的评价也会有所提升。并且，
他们也亲眼看到前辈按照这种方式获得了更高职位的
过程。

了解了员工内心的真实想法后，松本认为要推动产品标准
化，就必须转变员工的价值观。

于是，他按照价值观转变流程开始了行动。

松本根据以往的经验及企业文化改革的事例，将价值观转
变流程总结为以下几个步骤：

◎ 让员工了解现状及公司未来的发展；

◎ 让员工反思现有的共同价值观是如何形成的；

◎ 思考如何落实新行动；

◎ 创造硬件条件及软件条件以落实新行动。

当然，要实现上述步骤并非易事。松本决定避免直接劝说
员工转变价值观，而是将重点放在行动和成果上，让员工感受
到该行动带来的成果，从而使其树立新的价值观。

这与向员工提出新方针时的情况相同，员工理解应该转
变价值观，但却因不知具体如何行动，使得新方针变成一句空
口号。

另外，从共同价值观的形成过程来看，创始人的理念或成

功经历成为企业内部的行为规范，继而成为共同价值观，因此松本认为让员工采取新行动，并让其再次获得相应成果是很有必要的。

他认为，与其改变影响员工目前行为的价值观，不如改变员工的行为方式，让其积累成功经验，从而形成新的价值观。

于是，松本便按照这一流程开始了改革。

● 让员工了解现状及公司未来的发展

在这一步骤中，松本首先告知员工公司目前的业绩及经营状况。告诉员工倘若持续现状可能会给这项业务带来危机，届时可能会裁员。

之后，松本用具体数据及每件产品的收益向员工明确表示，造成这种情况的原因是每件产品的制造过于偏向个性化，大多数产品无法为公司带来收益。

接着，松本向员工说明造成这一结果的原因是每位员工"过于满足顾客需求"，每个人的行为叠加使得情况越发严重。此外，松本还指出，到目前为止管理层并未采取有效措施解决这一问题，强调管理层必须与员工协同解决该问题。

了解到公司具体危机的员工显得有些震惊，但当他们看到每件产品的收支情况时，均露出了确有其事的表情。

● 让员工反思现有的共同价值观是如何形成的

接下来，松本给员工留出时间，让其思考自己为何反对实现产品标准化。

这主要是为了让员工反思："为什么自己会对产品标准化产生抗拒？自己又为何要满足顾客需求、提供定制化产品？"

其间可能出现如下反思过程：

我为什么要满足顾客需求？→因为从进公司起，身边的人就告诉我要这么做。

真的是因为身边的人告诉我才这么做的吗？→除此之外，还因为我想看到顾客满意的笑脸。

我为什么想看到顾客满意的笑脸？→因为这能让我觉得很有成就感。

为什么顾客的笑脸能带来成就感？→因为这让我切实感受到我能够帮助他人。

通过这一过程，人们会发现自己满足顾客需求的根本原因在于自己能从中获得成就感或真切感受到自己能够帮助他人。

进行反思后的员工也意识到，自己想看到顾客笑脸的原因是自己能从中获得成就感或切实感受到自己为他人出了一份力。这使他们明白了自己为什么消极对待新方针且无法改变目前的行为方式——新方针无法满足顾客需求，也无法为自己带来成就感。

● 思考如何落实新行动

当员工明白了自己为何如此行动后，松本决定进入下一步骤。

在这一步骤中，松本让员工思考了一个问题：是否只有目前的方法才能获得成就感及顾客的笑容？随后员工反馈了很多意见，例如"价格较低的标准化产品对顾客来说更实惠""通过集中定制化产品，为顾客提供价格低廉的半定制化产品应该更能满足顾客需求"，以及"让顾客购买价格实惠的标准化产品，之后按照顾客需求加工或改造产品"。

上述意见中有的已得到实践，相关部门开始制造半定制化产品，并进行集中销售。员工开始意识到"其他方法也是可行的"。

看到这一情形，作为引导者的松本感觉自己正在逐渐让员工走出"让顾客满意=满足顾客需求并制造定制化产品"的固定思维模式。

同时，松本还让员工共同探讨了停止生产定制化产品，实现产品标准化生产时营业额将减少多少。

结果显示，如果只看标准化产品的整体情况，那么营业额虽然减少，但效益却提升了。

之后，松本让员工总结了结论，内容如下：

◎ "让顾客满意"不仅可以通过定制化产品，还可以通过"实惠的价格"或"批量生产质量稳定的产品"实现；

◎ 向身边的人说明标准化产品及半定制化产品也能提高顾客满意度的事实；

◎ 将"满足顾客"与"收益"放在同等重要的位置。有了收益才能为顾客提供更高质量的商品和服务。

◎ 具体通过以下方式实现：

· 掌握顾客需求，将顾客分为满足于标准化产品即优惠价格的顾客、满足于半定制化产品即合理价格的顾客、必须提供定制化产品的顾客等 3 类，分别提供服务；

· 可能也存在拥有强烈价值观，认为"定制化产品"必不可少的顾客，因此还要开展宣传活动，向顾客说明标准化产品及半定制化产品的优点及能为顾客带来的好处。特别是在顾客代表与公司上层共同出席的会议上，要向他们强调从上至下实现成本效益的重要性；

· 技术部与销售部合作，制定半定制化产品批量开发流程；

· 销售部不能进入封闭状态，应时常关注其他业务或顾客的需求变化，不断探索实现"标准化"的可能性。

以上便是全体成员总结并决定实行的意识改革及行动改革的流程方案。

紧接着，有人向松本建议"即便是小成果也好，应该尽早让员工获得相应的成功体验"。于是，松本开始筛选较为可能接受标准化产品、半定制化产品的顾客。

几个月后，公司收到了来自顾客的好评。有人表示"半定制化产品就足够了",还有人表示"价格实惠,质量比定制化产品还要稳定"等。虽然只收获了一部分好评,但员工们已从这部分"成功"中实际感受到新的尝试同样满足了顾客需求,并让自己获得了成就感。

● **创造硬件条件及软件条件以落实新行动**

规模虽小,但员工已拥有成功经验,并逐渐接受他们的行为或满足客户的方式可以是多种多样的。此时,松本认为有必要进一步强化成功体验带来的效果,在组织内建立新的价值观并扎根于组织中。

此外,松本还认为必须进一步推动员工落实新的行为方式,让员工认识到这么做不仅能得到顾客认可,还能得到公司认可。

为此,他觉得有必要针对组织运营的各方面继续改革。例如,实施人事制度及升职制度改革,改变公司内部的榜样形象及上司在工作中指导员工的方法等。

以上便是松本改变组织共同价值观的过程。

正如该案例所示,要改变共同价值观,必须让组织成员认识到组织的现状,让其了解危机的存在。在此基础上,让组织成员自行思考自己的价值观从何而来,是否应该做出改变或保持不变。当组织成员已经习惯某一价值观或行为模式,无法客观分析情况时,有效做法是扩大其视野,让其认识到实现价值观不只有一种方式。

5.6　转变价值观的两个方法

价值观的改变是抽象的，并且多数情况下当事人并未明确意识到自己拥有何种价值观，因此让组织成员将改变价值观当作课题予以解决也是极其困难的。

但为了让组织成员认同你的方案并参与其中，问题解决者应该将价值观纳入问题解决流程中。

与价值观相关的解决方法大致可分为两种。

第 1 种方法如案例所述，**让组织成员找到价值观产生的根本原因，在保持现有价值观的基础上寻找能与新方针并存的行动方法**。这一方法的好处在于，组织成员能维持原有的价值观，使得他们更容易理解新方针并参与其中，且能更快采取实际行动落实该方针。但其不足之处在于，当解决问题的新方针与原有价值观不符时，这一方法便会失效。

此时，你需要采用第 2 种方法。

第 2 种方法是在你必须**对价值观本身进行改革**时采取的策略。

当然，仅仅在公司内部宣传新价值观是不够的。

如前文所述，从价值观的形成过程来看，建立新价值观必须经历以下过程：回顾创业历程→制定目标→为达成目标让员工采取某一行动→取得成果→员工获得成就感或回报→不断积累某一行为或成功经验→形成某一特定价值观。因此，设定目标及让员工采取某一行为是非常必要的。另外，即便是很小的成功经验，尽早让员工获得回报对推动新价值观也很有效。

随着微小的成果或成功经验的不断累积，新价值观会渐渐形成，与现有价值观并存。

在这一过程中会产生价值观对立的情况。

有时价值观的对立会使一个企业崩溃，因此在进行这一步骤时需要谨慎行事。

对价值观对立问题的管理被称为**"冲突管理"**。

5.7 为转变价值观而实施的冲突管理

经营方针的转变可能会使价值观产生对立，由此需要进行冲突管理，这也是变革管理中最难解决的问题之一。

由于价值观会导致人产生"喜欢或讨厌"的情绪，因此在价值观根深蒂固的集体中，若出现拥有不同价值观的新团体，组织内部将出现激烈的对立。

有时甚至可能会导致企业分裂为两大阵营，陷入瘫痪状态。

笔者亲眼见过多个类似案例。当企业转变经营战略，需要员工改变以往注重的价值观或行为方式时，在企业内部引起的轩然大波险些使该企业陷入一分为二的局面。

管理领域中，冲突管理是非常考验技巧的一项管理技能，因此需要我们保持谨慎。

正如笔者在本章开头所述，日本企业中人才流动频率低，因此大部分员工都很重视现有价值观，多数情况下这些人会成为阻碍价值观变革的势力。

为尽量减少对立状况，让新价值观顺利融入组织，我们在进行冲突管理时必须注意以下几点：

1. 尊重秉持现有价值观的人；

2. 理解员工价值观形成的根源所在；

3. 在职位、权限或待遇的分配上做出区分；

4. 不要急于改变价值观，而是从改变行动下手；

5. 做好时间分配。

尊重秉持现有价值观的人

逻辑思维者与擅长企业改革的管理者间的差异之一是，双方对人才的感知力及包容力不同。

前文已提到，现有价值观是受到企业的发展历程及成功经验的强烈影响形成的。这些成功与价值观存在因果关系，正是原有的价值观使企业获得了过去的成功，这是无可厚非的事实。

倘若公司忘记了曾经获得成果的原因，只是一味地钻研如何落实新战略及建立新价值观，那么该企业很容易忽视现有价值观的作用，认为那只是陈旧的思维方式。

而管理者忽视过去的态度会伤害曾为公司带来过成果的人的自尊，使他们对新方针及价值观产生更强烈的抵触情绪。

擅长改革的管理者会极其谨慎，甚至过度谨慎地对待过去创下业绩或秉持现有价值观的员工。

他会在各种场合对这些员工承担的责任、做出的贡献及过去的工作态度表达尊敬之情。

乍一看这个管理者的做法与目标背道而驰。但"欲速则不达",他在循序渐进地让员工感受到"自己的贡献得到了认可",随后使其反思"自己是否有些太过拘泥于过去的想法,是否应该做出改变"。即便达不到这一效果,至少也会出现更多"听从命令,按照管理者想法行动"的员工。

如上所述,拥有丰富经验的管理者会从肯定员工做出的贡献或成果开始进行变革。

这一做法说起来容易,但大多数管理者常常想的都是"首先要改变那些思想陈旧的人",而无法先从"肯定"他人开始。

理解员工价值观形成的根源所在

接下来,擅长进行冲突管理的管理者会致力于理解需要动员的员工的价值观,了解形成该价值观的根本动机或情感因素。

如案例所示,价值观的背后一定存在某些动机,例如希望得到他人认可、希望完成某事或满足隐藏于内心深处的自尊心等。

要深入理解对方并满足其根本动机,在此基础上思考是否有可能让对方建立新价值观。

为此,管理者必须具备对他人的感知力、推测价值观或员工行为背后存在什么动机的能力及思考新价值观是否能满足该动机的能力。

在职位、权限或待遇的分配上做出区分

与此同时，推进变革的管理者会建立新的组织框架。

此时，该管理者会将不认同新价值观的人及拘泥于目前的思维方式而不愿落实新方针的人撤离重要职位，让赞同新方针的人任职。

站在人事的角度，职务分配一般应该根据新方针来实现理想的分配状态。当然，这一做法可能会在公司内部引起一些争论，但管理者应该合理制定组织重组或人才分配等经营管理中的"重要事项"。

另一方面，**经验丰富的管理者不会忘记顾及被调离重要职位的员工的"面子"，给予他们"改变的机会"。**

例如，在通知员工发生职位调动时，应该向其说明这次调动不是由工作能力引起的，而是按照"是否合适"的标准决定的。管理者会告诉员工："不是因为你的工作能力不足，只是这个职位需要更能适应今后坏境的人。"还有的企业将这些职位的任期设定为 1 年，以任期为由进行人员调动的做法便不会伤及该员工的面子。

管理者在进行人事调动时，需顾及员工的自尊心。

人在接到职位变动的通知时，比起认为自己失去了该权限，他们会更加强烈地感到"自己受到了排斥"。

为了最大限度减弱这种被排除在外的感觉，必须告诉该员

工，公司期待他"能再次回到这个岗位"。

告诉员工："由于这次需要一些新鲜血液的加入，所以调动了××的职务。但你的谈判能力是我们公司必不可少的武器，希望你能做出相应改变来适应今后的经营环境，做好回来大展身手的准备。"让员工了解到，只要努力就还有出场的机会，为此自己必须改变目前的行动方式。

如此一来，遭到调动的员工应该不会感到不悦，并且很有可能重新审视自我，探索新的行动方式。

这也说明，企业应该按照经营逻辑进行职务分配。另外，在人才流动频率低的日本企业中，应充分考虑到秉持现有价值观的员工的情况，避免其变成反对势力，这对经营改革非常有益。

不要急于改变价值观，而是从改变行动下手

对于秉持原有价值观的员工，在顾及他们情绪的同时，也要进一步要求他们改变行动。

面对无法摆脱原有价值观的人，直接令其改变价值观，会让他们难以接受。此时不应一味强调改变价值观，而应让员工采取符合新方针的行动。也就是说，管理者应从要求员工采取某些行动着手改变他们的价值观。

员工通过这些行动取得成果，会在这一过程中逐渐建立新价值观。

需要注意的一点是，有时会遇到要求员工采取不同行动而员工却不行动的情况。当然，这可能是受到了原有价值观的影响，导致员工产生"自己做不到"的想法。

但此外还有很多原因会使员工做出上述反应。

当需要员工采取的行动不能令其实现现有价值观时，员工会发现自己不知道具体该如何行动。因为不具备完成该行动的能力，所以无法满足管理者的要求。

这意味着，除现存价值观外还存在其他阻碍员工行动的因素，比如员工的能力。

这不禁让笔者想起曾经亲眼看见的一个特殊案例。当时，日本旭川市的旭山动物园为游客提供的服务大受好评，成为全国关注的焦点。这使得其他动物园也开始致力于提高顾客满意度，让饲养员站在栅栏外努力为游客介绍相关动物的生态情况。

面对拼命为自己解说的饲养员，游客表示很感动，但看见他们因不熟悉这一工作内容而冒着冷汗解说的样子，又感到一丝尴尬。

此前饲养员一直潜心照顾动物的生活，因此用"简明易懂且幽默"的方式向游客解说是他们并未掌握的技能。

并且，他们一定未曾想到自己有一天需要在游客面前进行解说。

笔者听不到饲养员的心声，因此无法对其价值观做出评论。但可以明确的一点是，饲养员必须掌握"在人面前表达"的能力才能胜任这份工作。

那位饲养员在自己不具备相应能力的情况下，依旧负责任地完成了被分配的任务。但大多数人在意识到自己能力不足时，会产生犹豫的态度。

为了避免上述情况发生，公司有必要帮助员工掌握相应技能。

做好时间分配

改变价值观的过程中，需要注意的最后一项重要内容是时间的分配。

笔者在前文中也提过，改变价值观意味着需要树立新价值观。正如沿用至今的价值观需要一定时期形成一样，新价值观也不是一朝一夕就能树立的。

某位企业经营者对公司未来十年的发展做了规划，由于商业模式转变，经营者进行了员工价值观改革。

这位经营者认识到，当商业模式从企业主导向消费者主导转变时，企业最应该做的是改变员工的价值观。以此为基础，经营者在组织架构及人才分配等各方面做了调整，其中包括董事会成员的替换及新部门的创建等。

但在这一过程中，必须注意"欲速则不达"。

经营者在意识到商业环境变化之快的同时，也没有忘记他人及组织同样需要时间来接受新的变化。他在让两者保持平衡的情况下进行了改革，制定了公司未来十年的具体发展蓝图，并对董事会成员做了相关调动，重新分配了相应职务等。

这位经营者通过合理的时间分配，让公司在实施大规模改革时保证了最低限度的核心人才流失，并给予秉持现有价值观的优秀员工一定缓冲期来建立新价值观。

小　结

对逻辑思维者来说，类似价值观这样的抽象事物可能是比较棘手的难题。

在你试图调动组织或他人积极性却发现对方态度消极时，就需要考虑到这可能是本章提到的价值观导致的。

有关价值观的问题之所以应对起来困难，是因为价值观存在于人的思维中，而当事人往往并未意识到自己在依照价值观采取行动。

因此，问题解决者首先应该找出隐藏在人内心深处的价值观，并确认这一价值观是否会阻碍你希望他采取的行动。

此外，问题解决者还需要找出产生该价值观的根本原因，判断应该改变价值观还是调整改革方式。毋庸置疑的一点是，在这一过程中应该尊重该组织或他人秉持的价值观。

第六章

在多元化的职场中如何促使动机形成

应该如何调动他人的积极性？

6.1　什么是动机形成

在员工或组织成员理解了你提出的方针，价值观问题也得到解决后，我们终于可以进入下一阶段。此时我们需要让对方将你的想法付诸实践，并让其在取得成果前持续这一状态。

驱使他人采取某种行动，并让其持续该行动的过程称为**动机形成过程**。

要让他人按照你制定的方针维持行动，就必须为员工创造相应的动机。

面对这一问题，多数逻辑思维者总是认为，"调动他人积极性的有效方式是建立奖励机制（这里特指金钱奖励等通过金钱促进动机形成的方式）"。

但实际上，付出高额报酬却无法有效调动他人积极性的例子随处可见。

此外，近来越来越多企业表示"不知该如何提高员工积极性"。

类似"不了解现在年轻人的想法"的声音并不是近几年才出现的，但最近笔者常能听到有人抱怨"随着职场呈现多元化，越来越不知道该如何促进动机形成了"。

笔者认为，如今的职场正在不断转变成难以形成动机的环境。

在解释动机越来越难以形成的原因之前，笔者想先介绍动机是如何形成的。

动机形成过程是学者们常年研究的课题，目前存在各种各样的理论。在本书中，笔者按照自己的方式将其简化成了图6的形式。

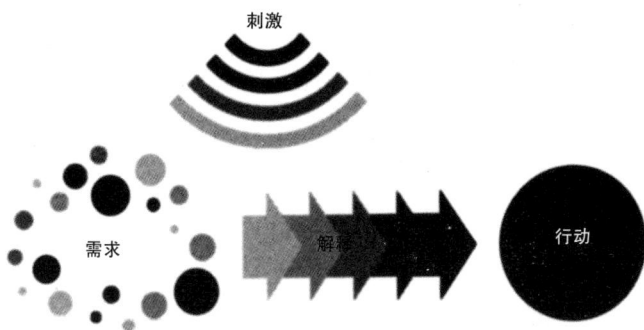

图6　从形成动机到产生行为的结构图

人在产生某一行动之前，必须经历包括需求在内的一系列过程。

最简单的模式是，单细胞生物在感应到光照后会立刻躲开。但人类不太可能会因如此简单的原因采取行动，人在受到刺激时还存在自身需求，并且在从受到刺激到采取行动的过程中会对这一刺激做出解释。

当拥有某一"需求"的人接收到满足该需求的"刺激"时，会自行"解释"是否接受这一刺激，从而决定是否采取"行动"。

假设有人希望"获得成功"，而你给予其一个刺激，告诉他："如果顺利完成这项工作就可以升职。"

倘若接受这一提议的人做出"自己能胜任这项工作"的"解释"，那么他就会采取相应行动。

相反，如果对方做出"自己无法顺利完成这份工作"的"解释"，那么他一定会对接下来的行动采取犹豫态度。若对方接着思考"一旦失败会影响自己升职"的话，那他应该会选择不采取行动。

从这一事例中，我们能总结出以下几点：

◎　希望促使动机形成的人必须了解对方的"需求"；

◎　若要促使动机形成，有必要根据对方的"需求"诱导对方或制定奖励制度；

◎　对方在诱导或奖励制度面前作何"解释"，会强烈影响到其是否采取实际行动。

在现代社会，促使动机形成已成为极大的难题。

笔者认为这是动机形成机制在每一个步骤中的作用越发微弱造成的。

那么，为何会出现这样的结果呢？

6.2 多元化社会中的多样化需求

要了解动机形成机制，第一重要的是理解你希望促使其动机形成的人存在什么"需求"。

在此，笔者将采用众所周知的马斯洛"需求层次理论"框架说明需求的多样化。

如图 7 所示，马斯洛的需求层次理论呈金字塔结构。

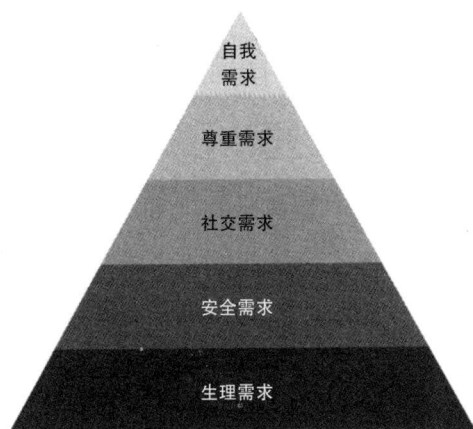

图7　马斯洛的需求层次理论

然而，这一理论在现代也曾暴露出不足之处。有人认为需求不会像图中所示阶段性地出现，即使位于下层的基本需求未得到满足，人依然会产生位于上层的需求。

的确，即便人处于饥饿状态，还是会寻求情感或社交联系，也有人宁愿牺牲一些安全感也要保护自尊心。

但马斯洛总结的理论囊括了广泛的需求，并按照优先顺序进行排列，因此该理论依旧存在指导意义。

笔者希望根据这一理论分析目前职场中的需求状况。

在现在的日本企业中，职场越来越呈现多元化。主要原因在于更多女性活跃于职场，以及全球化的加剧及人才流动频率的上升。随着职场的多元化发展，拥有各种需求的员工在同一职场共事已成为日本企业的常态。

而需求的多样性增加了日本企业在经营管理上的难度。

拥有不同需求的典型群体可以分为以下几种：

◎ 不同年龄层的人群需求不同（需求的种类及满足度不同）——属于高级管理层的第一世代、中间管理层的第二世代、30～40岁的第三世代及年轻的第四世代均拥有不同的需求，并且对需求的满足度也存在差异。

◎ 进军职场的女性、海外人才增加——女性及非日籍人员越发频繁地活跃于职场。

6.3 不同年龄层人群的需求不同

现在的日本企业中，存在拥有不同需求且处于各个年龄层的人员。

可以说，不同年龄层的需求变化与日本企业的兴衰有着密不可分的关系。

首先是目前年龄层为 60~70 岁的高层管理人群。他们在 20 世纪七八十年代进入职场，而这一时期的日本经济正好处于由高速发展转向稳定发展的阶段。

这一时期，社会学家傅高义所著的《日本第一》出版，日本企业在国际社会上正拥有重要影响力。

此时入职的人群基本可以稳定享受终身雇佣制度及年功序列制度。

从满足第一世代需求的角度来看，企业的发展及雇佣政策带来的稳定劳务制度满足马斯洛理论的下三层需求，即"生理需求""安全需求"及"社交需求"。其中，"社交需求"主要指员工希望从企业中获得归属感和工作伙伴。

此外，通常这一时期入职的员工只要未在工作上出现太过严重的错误，都能上升到相应的职位。因此，这一人群的第 4个需求——"尊重需求"也得到了满足。可以说，这一时期的人事及劳务制度充分满足了员工需求，成功地促进了动机的形成。

日本企业的员工将自己所在的公司称为"我们公司"。"我们"并不单纯源自终身雇佣制度，还由于企业通过满足员工的上述需求为其带来了"归属感"。

具体的满足方式包括企业向其提供员工宿舍等福利，在一定程度上保障了员工的稳定生活。在过去的日本企业中这是很常见的制度。

因为长期雇佣制度让员工感受到被"我们公司"需要的归属感，所以员工希望得到社会认可的社交需求也得到满足。

员工在年功序列制度下，带着只要不犯错就能上升到管理层的"期望"，在稳定生活的基础上展开"长期的升迁之战"。可以说，安定的生活基础与长期的"期望"是动机形成的原动力。一旦员工成功晋升为管理人员，那么他的尊重需求便能得到满足。

在这一背景下，企业在促使动机形成的过程中，需要解决的问题是如何进一步提高员工的社交需求，或者通过向未成功晋升的员工提供与该职位等同的待遇，来满足该员工的尊重需求。

实际上，笔者认为目前处于高级管理层的第一世代与其他年龄层的人群相比，其特征是能较为稳定地实现生理需求、安全需求及社交需求，此外由于已晋升为高级管理层，也在一定程度上满足了自身的尊重需求。

另外，第一世代入职时恰逢日本企业发展的黄金时期，虽然他们在企业中获得了一定地位，但在经历了泡沫经济及泡沫破裂期以及接踵而至的"失去的20年"后，他们所在的企业却逐渐失去了世界性影响力。

接下来是目前处于40~50岁，位于中层管理职位的第二世代，他们在泡沫经济时期至泡沫经济末期进入企业。

与第一世代不同，自入职以来其所属的集体并未取得过巨大的成功，这一时期日本的市场规模缩小，日本企业在世界上也逐渐失去了原有的地位。

这一世代的不幸在于，泡沫经济时期他们随着大规模的招聘进入企业，而泡沫时代结束后，他们却面临着日本企业的发展陷入缓慢、停滞状态，且企业规模不再扩大的局面。

因此，升迁之战演变成多数人竞争固定数量的岗位，而企业也因发展滞缓，无法再按照年功序列制度为所有员工提高薪资。如此一来，企业不得不转变以往年功序列的人事制度，引入成果主义。从这一层面来看，成果主义的人事制度旨在脱离年功序列制度及统一的薪资待遇。

这一世代的特征是经历了人事制度、雇佣制度的大规模转变。在他们成为公司的中坚力量时，企业纷纷导入了成果主义。通过年功序列制度取得更高职位及薪酬的方式已无法实现，许多业绩不佳的企业更是取消了终身雇佣制，并在公司内部实施了裁员。

"终身雇佣制"与"年功序列制度"这些曾经的保障现在已经崩溃。

在职场有过这些经历的第二世代是在终身雇佣制这一"安全需求"无法得到保障的大环境下生存下来的。他们意识到，企业与员工之间的各种约定与期望（终身雇佣与年功序列）已不复存在。

由于这些经历，第二世代对企业的期望比第一世代低，而对终身雇佣制的渴望更高。甚至有一部分人宁愿接受降职或减薪，来保证自己受到长期雇佣。即便如此，由于泡沫时期入职的大量员工给企业的人事费用造成了较大压力，因此企业依旧试图通过各种方式削减这一世代所需的人事费用。

笔者认为，除了一部分将来能晋升为管理层的人群外，这一世代中的大多数人还是会为自己的安全需求担忧。

接下来是目前处于 30 ~ 40 岁的第三世代。

这一世代求职时就业情况并不乐观，打败众多竞争对手进入公司后，却发现许多前辈遭遇了裁员或薪资毫不见涨。

这一世代入职时，成果主义已广泛用于普通员工的人事评价。除了一部分评价较高的员工外，其余大部分员工的薪资都难以得到提升。

但这一世代的幼年时期正值泡沫经济主导的时期，因此他们从出生至就业之前生活水平都较为优越。第一和第二世代在幼年时期曾处于物资条件贫乏的社会环境，与此相对，第三世代几乎未曾见过处于贫困状态的社会。

另外，笔者将在之后介绍的下一世代，即目前处于 20～30 岁的人群，他们在青春期时曾目睹父母辛苦打拼的身影，身处日本经济发展的停滞期。而第三世代的大多数人在青春期时未曾有过这样的经历。笔者认为，第三世代由于幼年时期身处经济发展迅速、生活条件优越的社会环境，导致他们在早期阶段便拥有了位于金字塔顶端的自我需求。

这一世代的艰辛之处在于，经历了物质条件丰富的幼年时期之后却遭遇了低收入带来的生活压力。他们一方面要关注眼前的工资或奖金水平，一方面又在追求无法由金钱满足的需求。

最后是目前处于 20～30 岁的年轻人群。这一世代与第二世代多为亲子关系。多数人在孩童时期目睹了父母在奉行成果主义的企业或裁员制度下辛勤奋斗的样子。

因此，他们非常能理解现在报纸中有关"职场新人寻求稳定的工作环境"或"渴望终身雇佣制度"的新闻。这一世代从小就目睹了父母的辛苦，所以在进入社会之前就知道社会或企业环境的严峻。

与第三世代相同，这一世代也为了追求安定的生活而注重薪资等金钱方面的收入。但他们的重视程度比第三世代高，且更加现实。

笔者在提供人事咨询服务期间对各类企业进行观察后发现，上述各个世代的特征覆盖各个公司的员工。

笔者认为，因 20 世纪 90 年代日本产业的国际地位发生变化，日本企业被迫对人事制度进行了大规模改革，导致各年龄层对需求的满足度和感知程度产生了差异。

过去，企业会对正式员工进行统一管理。但在如今的日本企业，**即便在正式员工这一群体中，需求层次也开始呈现多样化。**

非正式员工的雇佣问题给媒体提供了大量素材，但可想而知，倘若今后正式员工的地位也失去法律保障，那么随着正式员工面临的不安因素增多，其需求也会不断受到影响。

6.4 女性及外籍员工进入日企会带来什么影响

从劳动人口的变化趋势及全球化的加剧来看，女性及外籍人员今后将在职场中发挥越来越大的作用。

虽然可能引人误解，但笔者认为在以往的日本企业中，女性总是在通过某些形式适应男性社会的规则。

在保护人才及其多样性越发重要的时代，笔者认为女性对企业的重要性及对谈判能力的需求将急剧提高。这一转变将为女性带来更加自由的工作环境。

在笔者看来，女性的需求比男性更具多样性。

原因多半在于，与男性相比，女性需要扮演更多角色（女性、劳动力、妻子、母亲等）。

通过调查我们可以将职场女性分为以下几种类型：

◎ 追求职业发展型：渴望突破自我，实现自己理想中的职业生涯；

◎ 注重工作本身型：比起职业发展更注重工作内容本身或

从工作中获得成就感；

◎ 辅助工作型：倾向于在职场中辅助他人完成工作，当辅助对象取得成功时能为其带来喜悦；

◎ 兼顾工作与生活型：追求在工作及自己作为妻子和母亲的日常生活中取得良好平衡；

◎ 注重生活型：较大程度上倾向于做好妻子、母亲的本职工作。

可能有人会认为，这种分类方式恰恰是束缚了女性多样化发展的刻板框架。

但这一分类不仅适用于女性，同样适用于男性。假设这一分类成立，我们会发现不同类型的人拥有不同需求，需要的奖励形式也存在差异。

例如，对于追求职业发展的人来说，为其在升职或拓宽职业道路方面提供相关建议可以契合其需求，并能起到良好的激励效果。

由于注重工作本身的人易从工作内容中获得积极性及成就感，所以通过委任他们感兴趣的工作或给予其更多工作权限，能令其感受到工作价值所在。

辅助工作型的人有助他人一臂之力的强烈意愿。比起亲自在人前完成某些工作，他们更喜欢在一旁辅助，帮助上司或自己的辅助对象完成任务。当辅助对象获得成功时，他们自身也会得到满足。此外，需要注意的一点是，与注重工作本身的人不同，当你增加其工作种类或给予其更多权限时，反而会降低其满足感。

正如字面意思所示，兼顾工作与生活型的人渴望维持工作与生活之间的良好平衡。当然，这不意味着他们不重视工作，而是代表他们希望在保证自己享有足够私人时间的前提下充实地工作。因此，一些可能会削减其私人时间的工作会降低其满足度，并且一旦工作难度降低，他们将失去工作中的充实感及动力。由此可见，在顾及对方私人时间的基础上分配工作也是促使动机形成的重要因素之一。

注重生活型的人偏向于将生活放在首要位置，在此前提下完成工作。属于这一类型的人，特别是处于育儿阶段或有家人需要看护的人，会从工作时间的灵活性及公司给予的理解中获得满足感。

通过以上说明，想必读者们已经理解不同类型的人拥有不同需求。此外，即便某人在职业生涯中的某一时期属于某一类型，随着职场环境或生活的变化，这个人可能会逐渐转变为另一类型的人。这种现象在职场中屡见不鲜。

例如，注重工作本身型的人因结婚、生育而在一段时期内转变为兼顾工作与生活型的人，而在孩子不需要自己全天候照顾之后，许多人又会变回注重工作本身型的人。不论男女几乎都会在职场中经历这样的变化，因此管理阶层在调动员工积极性时，应将这一变化纳入思考的前提。

领导或管理层应在理解上述差异，即外界环境变化将导致人改变工作方式的基础上，为员工提供能满足其需求的奖励制度、工作形式及职场环境。

另外，在面对外籍人员时，日本企业习惯将所有成员分为"日本人与外国人"或"总部录用与地方录用"的员工。不过显然外国人中也存在各种类型的人，不能一概而论。

在动机形成理论中存在一种动机，被称为**他人取向动机**。这一动机会使人以回应自我或他人的愿望及期待为目标采取相应行动。

例如，我们常常能看到参加奥运会或世界杯的运动员在比赛结束后表示，"为了不辜负大家对我的期望，我尽力了"或"这场比赛我输了，非常对不起支持我的朋友们"。

这表达了当事人自己为回应他人的期待竭尽全力，或未能满足他人的期待感到非常抱歉的心情。

这种情绪被称为他人取向动机。

心理学领域的实验研究成果显示，亚洲人拥有很强的他人取向动机。

从研究结果来看，亚洲人在完成亲近的人（例如父母）决定的任务时积极性会提高。与此相对，欧洲人在自己决定要做某件事时才会最大程度地调动自身积极性。

此外，社会结构的差异也会使需求变得多样化。

　　具有代表性的例子是，劳动力市场流动性的强弱和就业观的差异会使劳动者的需求产生差异。

　　例如，日本企业在招聘外籍员工时，常常要面临离职率高的问题。无论录用多少外籍员工，这些员工一旦离职，都会向他人诉说对公司的不满。

　　即便花高额的招聘费用也无法换来员工的长期工作，不难理解企业为此感到的懊恼。但造成这种情况的原因，常常在于企业未能充分理解外籍员工所处的社会环境及劳动市场的状况。

　　像日本企业一样，在人才流动性高的劳动力市场中，员工即使拥有正式员工这一身份也得不到实质性的保障，因此必须保证自己的生活需求及安全需求得到满足。处于该社会背景下的外籍员工拥有的生存需求及安全需求与日本人不同。

　　在对薪资的看法上，日本人与外籍人员也存在较大差异。日本人认为如果能被长期雇佣，那么刚进公司时即便工资不高也可以接受。而处于长期雇佣不是常态的社会环境，或已习惯该环境的人通常不会接受"长期来看目前的薪资很合理"的想法，从某种意义上来说，他们要求当下的报酬也是理所当然的。

　　不去了解社会结构为个人带来的风险与收益间的关系，一味强调"外国人只考虑眼前的报酬"，在笔者看来是不太公平的做法。外籍员工追求短期回报的行为正是其在人才流动性高的市场中生存的必要手段。

　　如上所述，外籍人员的期望或需求会受其所处社会结构的影响，并以不同形式表现出来。如果无法理解这一点，企业将无法有效调动其积极性。

笔者在前文中也提到，职场的多样化将带来需求的多样化。此外，日本社会最近四十年的变化较大地影响了各年龄层人群的需求。

从这个层面来看，一直作为企业管理领域中重要课题的"动机形成"，近几年又成为新课题，出现在需要调动他人积极性的问题解决者及管理者面前。

近来人们常常谈论的人才及工作方式的多样性导致了需求的多样性，这意味着日本迎来了新时代。日本企业结构已由以往的"日本人、新员工、男性、长期雇佣"的单一形式转变为拥有不同需求的各年龄层、女性及外籍人员同时活跃于职场的多样形式。

6.5　需求的种类是多样的

那么，多样的需求具体指什么？

人又拥有什么样的需求呢？

除前文提到的马斯洛需求层次理论中的需求外，为了让读者了解其他需求，笔者想介绍一下弗雷德里克·赫茨伯格提出的"双因素理论"（又称"激励保健理论"）。该理论虽是在早期提出，但在现代依旧拥有其科学性。

弗雷德里克·赫茨伯格在理论的开始将人的需求分为两种。

这两种基本需求分别是希望避免痛苦及贫困的动物需求，以及希望在精神上不断成长的人类需求。在这两种需求的基础上，将满足职场需求的重要因素总结成理论后得出的便是"双因素理论"。该理论将能够消除不满足感的因素称为**保健因素**，将能提高满足感的因素称为**激励因素**。（见图 8）

保健因素包括公司政策、管理方针、薪资、职场中的人际关系、工作条件等。该理论认为，当其中某些要素无法得到满足时，人便会产生不满情绪。

激励因素包括工作的成就感、他人的认可、工作内容、责任、升职、自我提高等。

该理论认为，满足保健因素能解决员工的不满，但即便不断满足保健因素，也无法提高员工的满足程度。要提高满足程度，就必须让员工获得成就感、他人认可，实现自我提高。

由此可以看出，该理论中消除不满的要素与提高满足程度的要素是不同的。

并且，这些要素代表着人拥有的需求。

即人希望获得成就的需求、希望得到他人认可的需求、希望被予以重任的需求等。此外，从保健因素来看，还包括对薪资的需求及与上司、同事间保持良好关系的需求等。

这一理论在20世纪50年代提出，当时的实验对象包括技术人员及会计等白领人士，因此依旧适用于现代的职场需求分析。

需要注意的是，虽然需求的基本内容未发生改变，但需求已随时代发生了改变。

例如，随着社会朝小家庭结构转变，以及越来越多的女性加入职场，劳动条件及生活相关的需求也发生了变化。

此外，在描述职场多样性的内容中提到的不同工作方式，即追求职业发展型、注重工作本身型及注重生活型等，在需求上的表现形式及强弱也会改变。

因此，笔者认为在实际操作过程中，要参考赫茨伯格的理论，同时了解你想调动其积极性的人或组织在激励因素、保健因素的哪些方面存在哪些需求，并思考满足到何种程度更能准确地形成动机。

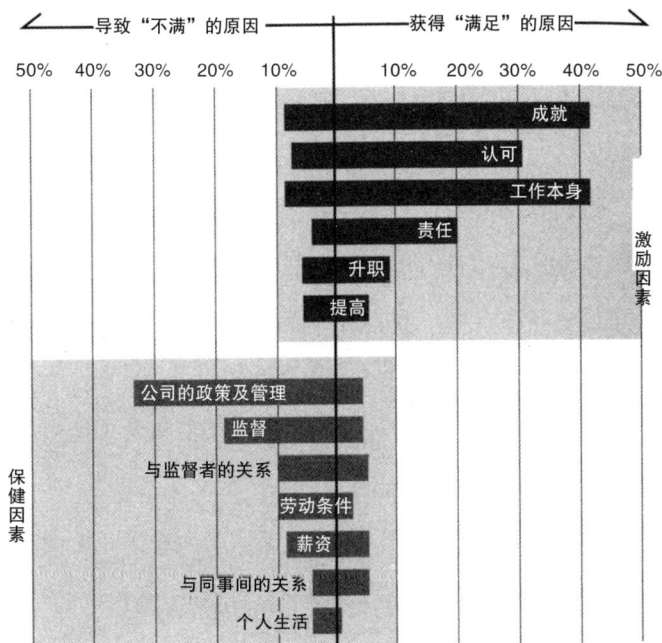

图8 弗雷德里克·赫茨伯格的提高满足度的因素及消除不满的因素

6.6　金钱奖励的形式是否有效——仅凭金钱真的能给予人动机吗

学过赫茨伯格"双因素理论"的人可能会对此感到惊讶，金钱属于保健因素之一吗？

正如笔者在本书开头提到的，人们很容易认为"金钱报酬"能给予人动机并促使人行动。

实际上，过去也曾有人争论过在赫茨伯格的理论中金钱到底属于保健因素还是激励因素。

人们争论的重点在于，其他激励因素与金钱报酬间存在什么关系，给予人动机时应该按照何种思维模式进行。

针对这些问题，目前依旧有研究人员在通过实验探究金钱报酬的效果。

我们可以看看下面的研究案例。

英国约克大学的脑科学家出马圭世等人在 2008 年与日本生理学研究所的定藤规弘等人组成团队，一同做了金钱报酬与社会报酬的对比研究。

研究人员让实验对象进行募资，并利用 fMRI（功能性磁共振成像）检测当实验对象获得旁人赞赏和获得金钱报酬时大脑处于何种状态。

过去的研究结果已证明，人在获得金钱利益时，大脑的"奖赏系统"会处于兴奋状态。但他们通过本次实验发现，他人的赞赏同样能使奖赏系统处于活跃状态。

前文中已提过，大脑会不断重复使奖赏系统处于兴奋状态的行为。无论是人或是其他动物，都会通过重复同一行为来获取快感。

因此，该研究结果证明社会报酬作为奖励机制也具有相应的效果。

但该研究也存在一定局限性。即不能证明金钱报酬的作用远大于他人的赞赏。

而近年的相关研究已证明，社会报酬（赞赏等非金钱利益）的效果要高于金钱报酬。

德国神经科学家 Frieder Michel Paulus 等人将一群脑科学家作为实验对象，让他们在大脑中想象"获得金钱报酬"与"自己的论文被刊登在脑科学研究领域最权威的杂志（*Nature Neuroscience*）上"的情景，在此过程中利用 fMRI 观察其奖赏系统的活跃状态。结果显示，实验对象在想到自己的论文登上最权威杂志时，奖赏系统的兴奋度要高于其想象获得数十万日元奖金时的兴奋度。这说明在实验对象看来，工作上取得成就比金钱报酬更具价值。

　　该实验结果表明，如果适当设定社会报酬，那么它有可能凌驾于一定额度的金钱报酬之上。不难得知，对于脑科学家来说，自己的论文能刊载在 *Nature* 杂志上是巨大的社会报酬，但对其他人来说却并非如此。可以看出，金钱报酬及社会报酬在不同人眼中存在不同价值，这个实验也向人们揭示了理解这一点的重要性。

6.7　金钱报酬的效果与局限性

笔者通过为企业提供人事咨询，遇到了各种类型的人才，也得出了与前面的实验相同的结论。从赫茨伯格的理论及之前的实验结果可以看出，金钱既涉及保健因素也涉及激励因素。

从实际经验来看，思考如何提高动机时，首先要认识到对金钱的需求因人而异。

要掌握对金钱的需求情况，有以下几种有效的提问方式：

◎ 从保健因素上看，是否满足于目前的金钱需求？

◎ 对金钱的需求有多大？

◎ 从激励因素上看，金钱需求得到了多大程度的满足？

◎ 如何平衡金钱需求与其他需求间的关系？

通过以上问题可以了解对方在金钱报酬及其他报酬上的偏好，以及这些报酬在其心中的先后顺序。

可能会有人认为自己在保健因素层面上的金钱需求还未得

到满足。笔者在前文中也提到，目前日本的劳动环境已不像从前那样能为劳动者提供强有力的保障。在这种背景下，保健因素得不到满足将导致员工产生不满情绪。此时，金钱报酬是消除不满情绪的有效手段。

但在对方的保健因素得到满足的情况下，金钱报酬在提高他人动机上能起到的效用取决于对方在金钱需求上的满足程度。

例如，笔者身边也存在金钱需求极高或极低的人。根据对方在现阶段或将来希望获得的生活水平或物资，我们较容易掌握对方金钱需求的大小。

毋庸置疑，有人希望住在市中心的高级公寓，或是想让孩子进入私立学校，并且每个人心中应该都对相应的收入做了大致定位。

但仅掌握对方的收入期望并不充分，了解当事人为实现该收入水平愿意做出怎样的牺牲非常重要。

假设 A 希望达到上述生活水平，且希望得到足以实现该目标的收入，但同时 A 也非常重视拥有属于自己的私人时间。A 认为，若能保证自己享有充分的私人时间，降低收入目标也无妨。

由此可以看出，在衡量私人时间与目标收入孰轻孰重时，A 在无意识当中试图找到两者的平衡点。

乍一看这是私人时间与收入之间的简单比较，但在现实情况下，A 需要考虑到构成工作本身及职场的要素，比如工作内容、工作量大小、工作带来的压力、职业风险（收入虽高但容易遭遇裁员等）、工作是否有趣、同事、职场环境、职场内部竞争等。因此，A 在权衡两者关系时，会在思考上述要素的基础上寻找最佳答案。

笔者的一位朋友曾在金融机构任职，但后来他放弃了那份高薪工作，选择了薪酬只有原来一半的工作。问及理由时，他表示工作上有压力，总部介入对当地公司的管理，导致工作环境变得恶劣。此外，他还希望能多投入一些时间到家庭当中。

金钱需求的大小是因人而异的。有人对金钱有无限的追求，有人只要能维持生计就很满足，超出这一要求的金钱无法促使其形成动机。而后者的存在其实比我们想象得还要多。

比起金钱，更能调动后者积极性的反而是生活的充实度、工作的完成情况等金钱以外的因素。

因此需要注意的一点是，向金钱需求并不高的人不断提及金钱的存在反而可能伤害对方的自尊。

解决问题的关键在于，我们要看清对方拥有何种需求及对这些需求的满足度。

人的需求是各不相同的。

利用金钱促使动机形成时，要了解金钱是提高外在动机的典型方法，且与目前备受关注的内在动机存在一定关联。

在此笔者先简单介绍一下内在动机，后文将有详细说明。内在动机被称为"兴趣心理学"。当人对要处理的事物拥有强烈兴趣时，即使没有金钱等提高外在动机的因素，也能自行产生动力完成该事项。

这一状态就叫作内在动机的形成。

员工因内在动机从工作中获得乐趣，对于当事人及公司来说都是有益的。但有时金钱报酬等提高动机的方式可能会使人失去内在动机。

这一现象被称为"社会阻抑作用"，是心理学研究领域中非常有名的一种现象。

社会阻抑作用具体可以表现为，一旦你夸奖主动拿起画笔的孩子，那么孩子在没有获得夸奖时将不再主动画画儿。

这一现象出现的原因是，原本出于自身意愿在画画儿中获得乐趣的孩子（基于内在动机）发觉自身行为能获得奖赏后，目标便转变成获得他人的夸奖。因此，只要不能获得奖赏，孩子就不会主动画画儿。

这就代表奖赏使孩子失去了内在动机。

在商业领域也经常能遇到类似的情况。

例如，笔者曾听说，一些风投企业的工程师起初因对创业理念及工作内容产生共鸣，会不断从打造新服务及产品中获得满足感，但伴随着公司上市，工程师习惯了工作付出转变为金钱回报的模式，使得其工作目的逐渐变为获得金钱收入，发展到最后员工甚至会因薪资问题与公司发生矛盾。

即使不是在风投企业中，若员工通过向顾客提供商品或服务就能获得满足，那么此时给予员工过多奖励也会导致社会阻抑作用产生。

为防止这一现象发生，笔者所在的咨询公司长期贯彻"客户第一，收益第二（Client First，Money Follows）"的方针。

当咨询顾问的目的转变为提高奖金额度时，该目的可能会与第三方即建议者的立场发生矛盾。另外，顾问解决客户问题时必须具备"从攻克难题这件事本身获得乐趣"的想法。

这一想法会因过度的金钱奖励而消失。

在享受解决难题的过程与自己能获得多少奖金两个选项间，根据工作量决定奖金高低的制度有时会使员工偏向选择后者，最终导致员工放弃前者。

如此看来，利用金钱报酬等方式提高动机的做法有时会使我们偏离目标轨道，因此在使用这些方法时应该谨慎。

6.8 如何满足多样的需求？——调动他人积极性的技巧

如前所述，日本企业必须应对人才多样化带来的"需求多样化"。此外，逻辑思维者也有必要了解金钱报酬的局限性，考虑到其他需求并思考如何满足这些需求。

在此，笔者要斗胆说一句，日本的管理者并不是十分擅长调动他人积极性。

除笔者外，许多在外资企业有过工作经验的友人也有相同看法。

这是为什么呢？

答案是人才**"流动性的不同"**。

即便是设在日本的外资企业，其人才流动性也比日本企业高出许多。所以，"留住人才"成为一个巨大的经营难题，也成了管理者们的职责。

为留住流动性高的人才，企业注重把握人才需求以调动其积极性。处于这种环境并肩负这一职责，自然使得管理人员该方面的技能不断提高。

那么，提高他人积极性的技巧具体是什么？

掌握动机形成理论，在此基础上根据他人或组织的具体情况运用理论，是有效调动他人积极性的技巧。

有些人擅长调动他人积极性，但经验知识与感知能力有限。

在商业领域中，被认为最有效并具代表性的动机形成理论究竟有哪些？这些理论在解决商业问题时又具有何种意义？笔者希望与读者们一同思考这些问题。

内在动机形成与外在动机形成

近来，**内在动机**一词因丹尼尔·平克所著的《驱动力》一书而广为人知。内在动机与外在动机处于相对位置，内在动机研究的是人不需外在动机（例如奖赏、惩罚）的刺激即可自行采取行动且从中获得乐趣的原因。

在过去很长一段时间里，人们普遍认为外界刺激（奖赏等）是令他人采取行动的必要因素，因此人无须外界刺激便自发行动的情况被认为是一项巨大发现。

兴趣及好奇心是引起内在动机的关键所在。人在兴趣及好奇心驱使下采取行动后，会因从中获得的成就感或成果而满足或感到自己拥有一定实力。若因拥有强烈兴趣而埋头其中，还会促使其产生学习动力。

心理学研究表明，若要有效形成内在动机，需让当事人对要处理的事物产生兴趣，在尊重对方自律性的同时，促进对方的理解或成长。这便是促进内在动机形成的方式。

此外，内在动机作为提高个人或组织行为表现的有效方法，在商业领域也受到了高度关注。

员工在工作时充满干劲，从而提升了工作表现，对经营者或组织领导来说是再好不过的。

此外，在企业竞争力的强弱来源于人或组织的创造力的环境下，因内在动机而充满工作积极性，专心于工作的员工集体也可能成为充满创造力的集体。

在这一背景下，许多企业开始关注促使内在动机形成的方式。

不仅如此，内在动机受到关注的另一重要原因在于，因内在动机而采取行动的人拥有健康的心理状态。现在，职场中充满导致压力的因素。因此，倘若员工能在工作中自行产生动力、保持健康的心理状态，对人事管理来说也非常值得重视。

● 形成内在动机的条件

在内在动机不断受到关注的大环境下，通过外在刺激形成动机的传统方式似乎稍显陈旧。

但笔者并不这么认为。

在调动他人或组织积极性时，提升内在动机是必要手段，但适当利用外在刺激提升动机的方式也必不可少。

原因在于，正如内在动机被称为"兴趣心理学"那样，我们还需要"产生兴趣的对象"。

相信读者应该也能理解，在职场中并非所有人都能满足上述条件，对自己的工作充满兴趣。

此外，笔者在本章前半部分也提到过，形成动机的根本条件是满足他人需求，并通过这种方式令他人采取行动且持续该状态。目前需求无法得到满足的集体在组织中不断增多，这种方式会比以往更加有效。

如此一来，动机形成的外在与内在条件都是必需的。

外在动机形成

典型的外在动机形成是"糖果与鞭子"。

糖果与鞭子的说法可能很容易令人联想到外部动机形成的方式。但其实这一方式也需要经历几个阶段，而能够清楚分辨每一阶段并采取相应策略的人才是优秀的问题解决者。

例如，在初始阶段利用简单的外在动机使员工采取行动，之后逐渐改变外在动机的种类及阶段，让员工对工作产生兴趣，形成内在动机。

那么，外在动机要经过哪些阶段？

● 外在动机形成的 3 个阶段

这里可能会出现一个较难理解的词。在外在动机形成阶段的相关研究中，有一个理论叫作有机整合理论。

接下来笔者将按照自己的方式细致说明该研究。

该研究表示，提高外在动机的过程可以分为 4 个阶段，为方便理解，笔者会介绍其中 3 个阶段。

这 3 个阶段分别是：

①利用糖果与鞭子提升动机的阶段；

②通过自尊心及羞耻心提升动机的阶段；

③将自身目标与眼前的工作相联系以提升动机的阶段。

简单来说，即从利用糖果与鞭子提供动机的阶段到不这么做的话会使自己丢面子的阶段，再到接受这种做法对自己有益的阶段。这样一来，当事人会对工作本身产生兴趣，形成内在动机。

● 利用糖果与鞭子提升动机的阶段

这一阶段中，会向他人明示奖励制度，引起其兴趣并使其采取行动，或者通过明确惩罚制度，防止他人采取某种行动。

糖果与鞭子可理解为两种最基本的动机——趋近动机与回避动机。

趋近动机与回避动机是一组相对概念，被认为是"生物产生动机的两种最基本形式"。

趋近动机指的是积极刺激（糖果），即人会下意识地寻求奖赏或能获得快感的刺激。回避动机是消极刺激，即人会自动回

避惩罚或为自身带来不快及损失的事物。

例如，趋近动机通过让员工了解到完成这份工作便能得到表扬或额外奖金等积极因素，促使其采取行动。

回避动机通过让员工知道如果不完成这份工作会受到批评、扣除薪资或降职等，促使动机形成。

此外，积极刺激还包括饮食等方面的生活需求、获得他人的评价与认可等。消极刺激则包括身体疼痛、财物损失与自信的丧失等。不难理解，面对这类消极刺激，人会下意识地采取回避态度。

脑科学研究也证明，趋近动机与回避动机来自负责大脑不同功能的两个区域。

大脑中存在分别对奖励与惩罚做出反应的区域。对奖励做出反应的区域称为兴奋区，对惩罚做出反应的区域称为抑制区。

既然对奖励与惩罚做出反应的是彼此独立的神经活动系统，那么可以得出，在达成同一目的的条件下，使用糖果与鞭子产生的效果也是不同的。

假设你是问题解决者，在决定转变事业战略方针后，你需要推动组织或他人采取新行动。

当你告知员工采取某一行动并取得成果就能提高奖金数额，不采取行动就要卸任时，对方的大脑会分别在不同区域产生反应。这一差异会给动机形成带来差异。

到目前为止，我们知道的是**消极动机即回避动机更能促使**

人采取相应行动。正如笔者在第三章所述，比起得到 1 万日元，人们更讨厌失去 1 万日元。因此，在促使他人或组织采取行动时，消极动机能起到更大作用。

Case 利用消极动机使董事会成员采取行动的 X 公司

X 公司即将陷入经营危机，为重振公司的经营状况，社长制定了企业重组策略，其中包括裁员一项，并指示董事会成员落实该策略。另外还有关闭工厂、筛选客户、整合或取消产品生产线等重组过程中的必要措施。每位董事会成员也表示理解公司目前的状况及重组策略的必要性。

之后，社长觉得为了让各个董事切实完成自身任务，有必要设立奖励机制。于是社长表明，一旦公司成功落实重建工作，各位董事将得到认股权。设定好奖励机制后，社长便开始期待董事们前来汇报成果。

但事情未能如社长所愿。

董事们充分理解了这一策略的必要性，但到了实际操作过程，便遇到客户请求其照顾多年的合作关系，从而使他们无法与这些客户做出了断。另外，在关闭工厂时也遭到了工人及地方的反对，使这一措施无法落实，导致迟迟无法执行重组策略。在此期间公司的状况更加恶化，甚至可以说到了岌岌可危的地步。

社长认为继续保持现状的话，公司真的会陷入经营危机，由于自身的领导能力无法改变现状，因此他私下决定为公司请一位新的管理者。

新来的管理者是与自己从事相同行业的外籍人员。

社长主动让位成为会长，并将公司的管理权全部交给了这位国外的新社长。

刚上任的外籍管理者立即详细调查了目前为止重组策略的实施内容并确认了落实情况。通过调查，他发现前任社长制定的重组策略不存在任何问题，切实落实的话很可能使公司的经营获得转机。

此外，新社长还发现，实施阶段的确会为客户与工人带来不良影响，但并非毫无实现的可能。长期的合作关系使董事们无法彻底执行该策略，导致这些问题悬而不决。

新社长采取了与前任社长不同的解决方式。与前任社长相同的是完成目标后能享受额外奖励，但他还追加了另一条惩罚规则，即未能完成任务的人将被降职处理。他向董事们表示，自己会彻底贯彻信赏必罚的管理方针。

在这一规定出现之前，董事们顺利度过任职期是一件理所当然的事。全体成员在震惊之余只能接受新社长提出的赏罚规定，因为董事成员被降职是前所未有的事情。

这一赏罚规定的出现使各个董事的态度发生了巨大转变。比起获得奖励，他们更加害怕遭到降职的惩罚。为避免这种情况发生，他们采取了相应行动。

事后，其中一位董事说道："现在回想起来，前任社长对我们的要求可能还是过低了，让我们觉得即便策略得不到落实，也不会有降职的危险。之前这种事闻所未闻，但外籍社长上任后，我们真切感受到了自己有可能被降职。说实话，我当时的确在想如何避免自己陷入这样的局面。这么说可能有些对不起前任社长，但当新社长提出惩罚规定时，我一下就改变了态度，坚定了要落实重组策略的决心。"

在那之后，各个董事便开始落实重组策略，每周向新社长汇报实施进度。并且的确出现了因不会再有进展而将董事降职的例子。

不过在惩罚规定的压力下，其他董事做出了努力，该企业成功落实了所有策略，并开始迈向重建之路。

这是实际发生过的案例。

前任社长与新社长都向董事会成员提出了同样的策略。前任社长表示，倘若取得成效便能得到奖励（糖果）时，无人为之所动。而当新社长提出若无法落实到位，该董事将被降职（鞭子）时，他们立即采取了行动。

特别是管理层人群经历了就业环境十分安定的时代，一旦升到某一职位，只要在任期结束前不犯下过于严重的错误，就不会出现降职的情况。虽然在国外被降职是很常见的现象，但在日本的管理层看来，这是极其严重的处罚方式。

此时为避免自己受到惩罚，就必须落实新社长提出的策略。

几天后，前任社长说："自己和其他董事是多年的合作伙伴，因此无法太过严格地要求他们，相互之间的要求都有些宽松。但新社长与他们不存在这样的关系，并且真的打算对拿不出成果的人做革职处理，实际上也的确有人受到了这一惩罚。我想应该是新社长对惩罚规定的实施力度使董事们产生了不安。"

从此可以看出，用鞭子管理的确是一种有效方法。

但这种管理方式也存在局限性。

正如案例中的董事们感受到的那样，**用鞭子管理会使人产生恐惧或不安情绪。**

这种情绪会对人的心理或日常行为表现造成不良影响。

实际上已有研究证明，长期处于不安情绪的员工在工作上的表现会变差，此外还会导致身心出现问题。

因此，在采用鞭子管理方式时需格外谨慎，不到万不得已不要轻易使用。

但笔者认为了解其效果、局限性及风险还是很有必要的。

● 逻辑思维者在使用"糖果与鞭子"时应注意什么

从上述案例可以看出，如果能巧妙使用糖果与鞭子的管理方式，就能有效调动他人积极性。

许多逻辑思维者一直认为奖励机制是调动他人积极性的必要手段，但如笔者在案例后半部分所述，人不会单纯因为金钱报酬或惩罚规定而采取行动。

此外，在介绍社会阻抑作用的相关内容时笔者也解释过，奖励等方式（糖果）可能会使员工失去原本对工作持有的兴趣。

糖果与鞭子是促使外在动机形成的终极方法。当你需要对他人或组织不断提供这两项条件才能调动其积极性时，就表明这不是一种健全的状态。

要建立一个健全的职场，必须在适度使用糖果与鞭子的同时，注意之后将讲述的外在动机形成的阶段，时刻牢记在使员工对工作产生兴趣后，应让对方在内在动机的驱使下保持对工作的积极性。

● 令人意想不到的"黑色职场"

近来，黑色职场也成了社会问题。公司会在无意识中对员工采取"鞭子"政策，最终导致多数员工不得不承受工作的压力。

笔者在本章的前半部分也提到过，目前在日本企业就职的大多数员工都对安全需求抱有一定不安。

鞭子政策可能会对员工的安全需求产生威胁。在这种情况下向员工实施鞭子政策会发生什么？

例如，在终身雇佣制是常态的过去，与人人都有可能成为裁员对象的今天，一句"你要是敢犯这种错误，我就辞退你"的话会让员工产生完全不同的反应。

从前，这在员工听来也许仅仅是上司的一次严肃批评，但如今这句话可能使员工产生"自己说不定会失去这份工作"的不安。

那么，后者会采取什么行动？

他可能会对上司的这句话反应过度，产生"必须更加努力工作才行"的想法，主动承担起超过自身负荷的工作量。

特别是鞭子政策有时会因接收方的动机及精神状态而产生消极含义，进而扩大该政策带来的负面影响。当员工过度解读时，结果可能是黑色职场的产生。

因此，笔者认为**糖果与鞭子虽是促使动机形成的有效方式，但的确存在一些弊端，会给人带来强烈的压迫感，无法使人长期发挥潜在能力。**

● 通过自尊心及羞耻心提高动机的阶段

外在动机形成的第二阶段指的是，人会为了维护自尊或避免自己在他人面前出丑而采取某种行动。这是由于人不愿意输给同时期进入公司的伙伴或不愿让他人觉得自己没有工作能力，并会采取相应行动避免。

例如，日本企业在过去实行年功序列的升职制度，就是利用了这一动机形成方式来调动员工的工作积极性。

年功序列制度并不意味着所有人在达到一定工龄后都能顺利升职，而是在员工付出相应努力、获得一定成果或发挥出工作能力的前提下才能与同期入职的同事一起升职。

这种管理方式并不是通过让员工认为只要努力就能尽快获得回报，以此促使其对工作产生积极性，而是利用员工的"羞耻心"，让员工形成如果自己不努力就可能比同期入职的同事晚一年升职的心理，从而让大家产生工作动力。

在只要和其他人一样努力工作就能升职的情况下，如果某个人没有成功获取更高职位，那么周边的人会认为是他存在问题。而每个人都希望能避免这种情况发生，这一点想必各位读者都能理解。

人会为了维护自尊或避免自己出丑而采取行动。

这一方式对竞争意识较强的组织或个人来说极其有效。

● 不作为就不会丢脸的心理

人会为了避免自己产生羞耻感而采取某种行动，同样也会为此而采取不作为的态度。

例如，当员工接到一项自己不擅长的工作任务，认为"自己无法成功完成这项任务"时，为了不在同事及后辈面前丢脸，会选择拒绝这项任务。自尊心强的人因"不愿接受自身的弱项"或"不愿让他人看到自己无能的一面"，会寻找各种理由拒绝这一任务。

由于人希望避开不良评价，害怕在与他人比较中伤到自尊，所以会做出相应举动进行躲避。

人之所以会产生这些想法，一是由于自身能力不足，二是由于拥有足够能力却不够自信，导致自己迟迟无法采取行动。

由于能力不足而不采取行动的例子有很多。在今天看来可能很不可思议，比如从前的日本企业中发生过资历丰富的员工不愿使用电子类产品的现象。也有擅长单独行动、在团队合作中能力平平的员工不愿加入需要团队协作的项目的例子。

企业处于改革阶段时，这种现象在企业中随处可见。

Case 不愿跑业务的资深员工

X 社是一家信息技术咨询公司，主要为客户提供从设计到导入的信息技术系统方面的咨询服务。

在这家公司中，担任系统工程师的主要是年轻员工，中坚员工作为项目管理人，负责为客户提供咨询。公司希望职位高于中坚员工的人不再参与项目，而是负责开发新客户或加深与客户间的联系。

令这家公司困扰的是，这些资深员工中有相当一部分人不愿意出去拓展业务。

起初公司以为是这些人原本就喜欢信息技术系统开发

的工作，不愿离开自己的工作岗位。但通过询问员工意见，公司得知还存在其他原因。

一位资深员工表示："我明白自己作为前辈应该考虑到新人的发展，为其拓展新业务。但跑业务是一项难差事，有时可能辗转一百多家企业都得不到一个有效回复。时间一长，我觉得自己可能会因为揽不到业务而失去自信。而且没有业绩的话，自己在公司将失去一席之地，我也没有脸见同事和原先的下属了。因为产生了这样的想法，所以对拓展业务这项工作也开始产生抵抗情绪。"

在询问调查过程中，其他资深员工也发表了类似的看法。

这表明，员工们陷入了"无法取得成果→感到羞耻→更加不想去拓展业务"的循环当中。出于不愿在他人面前出丑的心理，他们没有动机去拓展业务。

在这种情况下，有必要为这些员工提供业务推广能力培训，创造能使其更容易取得成果的条件。

可以推测出，此时即使公司根据收入情况给予员工相应的奖励也无法解决该问题，员工依旧会处于士气低下的状态。

因此，不能因看到员工对工作产生了消极态度就企图通过单一的奖励方式予以解决，还需要从动机形成的角度出发，了解士气低下的原因。

人出于维护自尊或不让自己出丑的动机，会选择采取或不采取某种行动。这和糖果与鞭子政策引起的动机相同，都不是因员工对工作本身感兴趣而出现的。

因此从这个角度来看，并没有用积极的方式调动他人的积极性。

● 将自身目标与眼前的工作相联系以提升动机的阶段

在该阶段，员工会找出自己的需求、梦想或目标与目前工作的联系，以自己的方式认同自己正在从事的工作的价值。例如，完成这项工作对升职是有利的，能圆自己的留学梦或调到自己想去的部门等。

这一动机形成阶段称为**"同一性发展阶段"**。

这是心理学领域的专业术语，可能会有些难以理解。其实这指的是将自己的目标或梦想与眼前的工作相联系的状态。

人在进入这一阶段后，会开始思考工作对自己的意义，并产生要实现自己的目标就必须积极投入到工作中的想法。

进入这一阶段后，人会主动对工作产生积极性。

● 与成绩拥有很深联系的动机

心理学研究结果显示，处于动机形成阶段的人会深受成绩的影响。

实验中，研究人员调查了学生中不同程度的学习动机与成绩间的关系。

研究人员测定了学生"害怕被批评所以学习""不想在别人面前丢脸所以学习""希望实现自己的梦想所以学习"（同一性发展阶段）及"因为学习是一件很有趣的事所以学习"（内在动机形成阶段）等不同程度的动机，并分析了与学习成绩的关联性。

结果显示，对处于同一性发展阶段的学生，即表示"希望实现自己的梦想所以学习"的学生，其未来学习成绩的预测精确度最高。

这似乎是由于处于该阶段的学生因拥有"希望进入好大学""希望找到好工作"等长期目标而专注于眼前的学习，所以在未来成绩的预估上得出了相对精确的结果。

拥有内在动机（对学习感兴趣）的学生是按照自身对学习的兴趣而采取行动，这是最健康的精神状态。但对其未来学习成绩的预测精确度低于处于同一性发展阶段的学生。

该实验对象虽是学生，但这一结论同样适用于社会人士。

"将来希望担任某一职务"或"希望朝着某种职业规划发展"等长期目标会使人找到目前工作的意义，由此可推测出其短期或长期的工作表现会有所提升。

此外，从实验结果还能看出，对员工在目前或未来取得工作成果来说"将自身目标与目前工作的意义相联系"很重要。

因此，领导或管理层应时常关注组员的梦想或目标，并帮助他们实现目标。不仅如此，如果能在此基础上让成员意识到目前的工作与其理想或目标的关系，将对提高其动机起到重要作用。

Case　某管理者是如何提高员工动机的

X 是一家咨询公司的项目经理。

咨询公司的项目经理不仅是完成客户所提项目的最终负责人，同时还负责判断是否承接该项目。

某天，一位年轻的咨询师向项目经理提了一个问题。一位老客户委托的新项目有些超出公司擅长的专业领域，因此他不知道是否要接下这一委托。

"我觉得这个项目虽然有些超出我们熟悉的范畴，但凭借我们的问题解决能力应该能让客户获得满意结果。只是这个项目无法让我们像处理之前的案例那样发挥自身的专业优势，所以还是存在一些不安因素。我们要不要接下这个项目？"

经理听完做出了以下回答。

"这个项目的确不属于我们最擅长的领域，不过我认为以你的能力能够为客户提供满意的解决方案，所以还是尽量接下这个案子吧。"

咨询师接着问道："为什么？"

"我认为这个案子能拓宽我们今后的业务范围。"

"会拓宽业务范围?"

"是的。这个案子主要是为了解决如何制定海外分公司的管理框架的问题,今后我们应该还会接手这类案子。这个案子需要解决的问题与日本企业目前面临的全球化管理问题在本质上是相同的,而今后相关案例应该会不断增加。此外,这个案例非常符合我们旨在为日本企业进行改革的理念,让我们看到了公司未来的发展方向。"

"听您这么一说,的确是这样的。我负责的主要课题也是日本企业的全球化发展,我觉得通过这个案子团队和我自己都能有所提升。"

"是吧,我也是这么想的。虽然这个案子存在一定难度,但我觉得值得一试。"

"我明白了,我会试着挑战一下。那我这就去准备提案资料,有问题再来问您。"

在这个案例中,当员工面对无法发挥以往经验或知识的项目表现得有些退缩时,项目经理并没有利用自己的权限命令员工接下该项目,而是耐心地向其说明完成这个项目对团队及其个人的意义。

案例中的项目经理采取的方式,正是让咨询师察觉到眼前的工作与自身的目标之间的联系。

最终,一开始犹豫不决的员工产生了积极着手新项目的想法。

如上所述，当你想要调动他人积极性时，可以先了解对方拥有的目标或理想，并让对方意识到目前的工作与目标之间存在什么联系或具有何种意义。

动机形成后，人就会将工作当作自己的分内之事，然后主动朝着目标不断推进眼前的工作。

● **促使内在动机形成**

进入促使组员形成内在动机的阶段后，接下来就要以组员为目标。

笔者在描述内在动机形成的内容中已提过，内在动机被称为"兴趣心理学"，无须外在动机的驱使也能提高人的积极性，使其主动投入工作当中。

进入这一状态后，组员不仅会因对工作的兴趣而自律地高效完成工作，还会因兴趣增加而产生"要更加努力工作的想法"，并为此进行学习。

笔者就亲眼见过以下案例。

Case 体会到工作乐趣的瞬间

山田当上了一家生活用品连锁店的店长。

上任后一年左右，业务主管铃木给了他一些建议。

"山田店长上任也有一年了，应该已经熟悉了店长的工作内容吧？有没有考虑过在今后的店铺管理中加入自己的特色？我们的连锁店在经营上有很多地方可以自由发挥，你自己花些心思制定管理方式会比较有意思。"

"自己花些心思吗？"

"是的。比如陈列架上的商品摆放方式，或者其他物品的摆放位置，等等。可以在遵守总部指示或规定的情况下，制定一套属于自己的管理方式。例如，这个店位于连接车站与音乐厅的商业街，在音乐厅举办的演奏会风格不同，经过店门前的人也会有所不同吧？"

"的确是这样，这里的演奏会音乐种类广泛，有古典音乐也有流行音乐，所以来的顾客也大不相同。"

"没错。这样的话，店里的商品总是保持同样布局是不是不太好？年长的人与年轻人喜欢的商品，无论在颜色或外形上都是不同的。如果今天举办的是年轻人喜欢的演奏会，那么我们就应该将顾客设定为年轻人，思考如何摆放商品能成功吸引他们的目光。也就是说，我们可以为了卖得更好而进行设计。"

"的确，年轻人现在喜欢的应该是类似于这样的颜色。让我考虑一下，然后再试着改变店内的布局。"

一段时间过后，业务主管再次来到了店里。

"店长，上次过后店里的情况怎么样？"

"听了您的建议后，我调查了演奏会的日程安排，思考了如何让来看演出的观众注意到我们的商品。"

"效果好吗?"

"效果时好时坏。但是无论销售情况的好坏，我为每天的成果感到高兴。我会检查自己的假设是否成立，一旦出现错误，我会思考自己在哪里犯了错，知道了不足之处后，我又会思考下一次应该如何改善。这个过程真的令我很享受。"

"太好了! 听到你说思考的过程令你很享受我就放心了。山田店长也从店长变身成'商人'了。"

"我变成商人了吗?"

"是啊。会自己思考来什么样的顾客，摆出什么样的商品才会得到顾客的青睐，销售情况不好时，主动反思是哪里出了问题，然后做出改善。这已经不是一名店长，而是一名商人会思考的问题了。"

"其实，通过这次尝试，我第一次体会到了零售工作的乐趣。我想多学一些关于零售方面的知识，还想了解一下业绩好的店铺采取的经营方式。"

"有什么问题随时问我。你可以先去看看××市××店的经营情况。那家店和这里的情况差不多，都位于活动举办会场的附近，应该能对你有所启发。"

"谢谢。我非常愿意去那里参观学习。"

● 自行斟酌，创造假设—验证假设的良好循环

从案例中可以看出，通过让该店长对工作产生兴趣，让其意识到工作是自己分内之事的方式，促使其对零售业及店长的工作产生了兴趣，愿意主动学习相关知识。

之所以会发生这样的改变，原因在于业务主管给了店长"思考时间"。

业务主管希望他不要机械性地完成来自上级的任务，而是像商人一样用自己的头脑思考问题。

独立思考，亲自落实，无论成功与否，人都会开始思考如何提高销售量、为何销售情况不佳等问题。通过这些思考，人对工作的关注程度与兴趣会越来越高。

正如案例所示，"让对方产生兴趣"的方式无法轻易提高内在动机，而创造"对方会对此产生兴趣"的环境则是较为有效的方法。多数情况下，问题解决者会让对方自行斟酌，让其自主思考并实践，并亲自验证最终结果。通过"假设—验证假设的循环模式"，能有效地让对方感受到工作的乐趣，并逐渐专注于工作。

实际上，让对方自行斟酌是逻辑思维者极其不擅长的一种做法。

许多逻辑思维者会将自己与他人区分为"负责思考的人与负责实行的人"，并为了让他人落实自己的想法而制定奖励

机制。

笔者已经在本章说过，人的确会因奖赏而采取行动，但这种行动不是自发产生的。这就意味着，为了让他人保持某一行为状态，必须持续为其提供奖励。

从经营层面上看，这种做法非常耗费成本。对于问题解决者来说也很麻烦。

因此，真正的问题解决者应以促使他人自发采取行动为目的，走出"我负责指示，你负责实施"的陈旧思维模式。

在这个富于变化的时代，无论从提高动机还是经营层面来看，促使多数人集思广益、通过独立思考自发采取行动且让成员之间保持联系，才是真正的问题解决者应该努力实现的目标。

小　结

提高动机是为组织或他人提供方向或让其持续做某件事的必要方法。

现在，日本企业中各个年龄层的员工存在较大差异，职场多样化使得一个企业中包含各类人才。人才多样化带来了需求多样化，在职场中提高员工积极性变得越发困难。

另一方面，动机理论中的内在动机不断受到关注，但从日本企业目前的情况看，仅凭内在动机无法有效调动员工积极性，需要与外在动机搭配使用。

一提到外在动机，许多人的脑海中浮现的多是糖果与鞭子的管理方式，但仅凭这一管理方式不足以满足职场中多样的需求，并且其本身存在一定局限性。

　　我们必须在提高外在动机的阶段，充分理解这种方式带来的效果及危险，同时满足职场中多样的需求。

后　记

笔者决定写这本书的想法来自两份既相似又有所不同的珍贵职业经历，即担任战略咨询顾问和人事管理咨询顾问。

我在麦肯锡公司掌握了运用逻辑思维解决问题的方法，此前还曾在松下电器（现在的 Panasonic）负责人事方面的工作。在那之后，我开启了人事管理咨询顾问的职业生涯。

人事管理咨询顾问主要负责企业及人事管理的变革，为企业及人事管理制定新的框架或规则，接受企业中各式人才的咨询，有时还需帮助企业对员工工作做出评价。无论是人事管理咨询还是战略咨询，逻辑思维都是顺利完成工作的强力武器。

但是，随着笔者不断深入企业及人事管理的工作，发现在调动他人积极性的实际过程中会面临许多问题，并且这些问题无法单纯通过逻辑思维解决。

之所以会遇到这些问题，源于笔者在书中提到的人的认知差异、价值观的不同导致无法调动员工积极性、提高他人动机的困难性等。

基于笔者的工作经验，以及近年研究表明的受大脑活动的影响，仅用逻辑思维无法应对职场中"不合理"的部分，理解并洞察集体或他人的内心想法，是调动组织或他人积极性的必要方法。

笔者已在前文阐述过，"真正的问题解决者"一定拥有两种能力。

第一种是用逻辑分析问题，找出问题背后隐藏的本质变化或含义，然后做出决策的能力；第二种是理解并感知他人或组织拥有的不合理性及情感因素的能力。这两种能力是今后商务人士的必备能力。

笔者回忆职业生涯发现，迄今遇到的优秀经营者或管理人员均存在合理性与不合理性两方面。

有人会说"那个领导说话何止是前后矛盾，简直到处都矛盾"。第一次听到这些话时，笔者认为那个领导一定是很可怕的人。现在回想起来，一旦理解了组织及他人身上存在的不合理性，一个要领导整个组织前进的管理者内心一定需要"充满矛盾"。笔者在现阶段才发现，经营者的这种状态就体现在外人对他"到处都矛盾"的评价中。

但是，他们面临的矛盾都是符合人性的，吸引人的。笔者从中发现，"矛盾的人充满魅力"。

正如笔者在第六章所述，今后日本企业的人才多样化将趋于显著。

人才多样化不仅会带来需求的多样化、认知的多样化、价值观的多样化，也会使书中提到的"认知""价值观"及"动机"在职场中不断趋于多样化。

日本企业的同一性较强，因此这些变化会给企业的经营与管理增加难度。

因此，无论是经营者还是全体员工，应该提供即使是趋于多样化的职场环境及人才也能接受的简明逻辑，同时理解多样化人才存在的"认知差异""价值观差异"及"需求差异"，根据具体情况包容这些差异，或是跨越差异来处理问题。

最后，笔者希望向各位读者传达以下想法。

今后在职场中，要改变"大家都是这样"的思维定式，处理问题应以"每个人都各不相同"为前提。

对于由人组成的集体来说，这一点在某种意义上是理所当然的，但在笔者看来，日本企业甚至整个日本社会对"同一性"产生了过深的依赖。

"每个人都各不相同"的处事姿态一定会有助于你理解他人、与他人一起共事。

这种处事姿态会让你懂得如何尊重及接纳他人，让你在处事待人方面更加从容。

笔者希望在拥有这份从容的人当中，能尽可能多地涌现出国际化人才或经营者。

世界充满多样性，即便是现在，因理解不充分而导致的摩擦仍在增多。

能够避免并解决这些摩擦的，正是拥有这份从容的人。

日本文化中有一种说法叫"八百万神明"，日本人认为万物皆有灵。笔者认为这样的日本文化中原本就蕴藏着包容多样性的力量。因此，若能回到文化的起点，我们也许可以培养并建立起能够得到国际社会认可的人才与职场，这也是笔者的期望。

若本书能帮助读者找到那份从容，笔者将深感喜悦。

众多先人及研究者对人类及组织进行了大量研究，本书正是以这些研究成果为基础完成的。

若没有这些研究便不会有本书的诞生。

另外，在笔者的职业生涯中遇到了许多客户与朋友，他们给予了我许多启示，并让我认识到每个人的个性中都有无穷的魅力。

一直以来，上司、同事及友人常常为我提供宝贵的意见及知识，纠正我的"偏差"。

最后，笔者要感谢在执笔期间给予我大力支持的妻子及在我遇到瓶颈时邀我一同"玩耍"，令我恢复状态的爱犬 Chappy。

此外，谨将此书献给给予我无限慈爱的已故父母。

二零一六年 三月　　永田稔

参考文献

1.『社会的認知研究　脳から文化まで』，S.T. フィスク/ S.E. テイラー著，北大路书房

2.『社会心理学』，山岸俊男監修，新星出版社

3.『行動意思決定論　バイアスの罠』，M.H. ベイザーマン /D.A. ムーア著，白桃书房

4.『認知心理学　知のアーキテクチャを探る』，有斐閣アルマ著

5『グループ・ダイナミックス　集団と群集の心理学』，釘原直樹著，有斐阁

6.『思考のトラップ　脳があなたをダマす 48 のやり方』，デイヴィッド・マクレイニー著，二見书房

7.『企業文化　生き残りの指針』，E.H. シャイン著，白桃出版

8.『考えることの科学　推論の認知心理学への招待』，市川伸一著，中公新书

9.『モチベーションをまなぶ　12の理論』，鹿毛雅治编，金刚出版

10.《驱动力》，丹尼尔·平克著

11.『新版　動機づける力　モチベーションの理論と実践』，钻石社

12.『図解雑学　社会心理学』，井上隆二，山下富美代著，ナツメ社

13.《道德情操论》，亚当·斯密著

参考海外论文

1.Kahneman, D.(2011). *Thinking, fast and slow*. Macmillan.

2.Amodio, D. M., Jost, J.T., Master, S.L.,&Yee, C.M.   (2007). Neurocognitive correlates of liberalism and conservatism. *Nature neuroscience*.

3.Inzlicht, M., McGregor, I., Hirsh, J.B., &Nash, K. (2009).Neural markers of religious conviction. *Psychological Science*.

4.Janis, I.L. (1982). *Groupthink: Psychological studies of policy decisions and fiascoes* (Vol.349). Boston: Houghton Mifflin.

5.Tversky, A., & Kahneman, D. (1989). *Rational choice and the framing of decisions*. Springer Berlin Heidelberg.

6.Adolphs, R., Tranel, D., Damasio, H., & Damasio, A. (1994). Impaired recognition of emotion in facial expressions following bilateral damage to the human amygdala. *Nature*.

7.Keysar, B., Hayakawa, S.L., & An, S.G. (2012). The foreign-language effect thinking in a foreign tongue reduces decision biases. *Psychological science*.

8.Pavlenko, A. (Ed.). (2006). *Bilingual minds: Emotional experience, expression, and representation*(Vol.56). Multilingual Matters.

9.Izuma, K., Saito, D.N., &Sadato, N.(2008). Processing of social and monetary rewards in the human striatum. *Neuron*.

10.Paulus, F.M., Rademacher, L., Schäfer, T.A.J., Müller-Pinzler, L., & Krach, S. (2015). Journal Impact Factor Shapes Scientists' Reward Signal in the Prospect of Publication.

图书在版编目（CIP）数据

不讲道理的职场 /（日）永田稔著；邓钰婷译 . --

南昌：江西人民出版社，2020.4

ISBN 978-7-210-12086-5

Ⅰ . ①不… Ⅱ . ①永… ②邓… Ⅲ . ①职业—应用心

理学—通俗读物 Ⅳ . ① C913.2-49

中国版本图书馆 CIP 数据核字 (2020) 第 029890 号

HIGORI NA SHOKUBA by MINORU NAGADA

Copyright © MINORU NAGADA 2016

All rights reserved.

Original Japanese edition published by NIKKEI PUBLISHING INC., Tokyo.

Chinese (in simple character only) translation rights arranged with

NIKKEI PUBLISHING INC., Japan through Bardon-Chinese Media Agency,

Taipei.

版权登记号：14-2020-0021

不讲道理的职场

作者：[日] 永田稔　译者：邓钰婷

责任编辑：冯雪松　特约编辑：方泽平　筹划出版：银杏树下

出版统筹：吴兴元　营销推广：ONEBOOK　装帧制造：墨白空间

出版发行：江西人民出版社　印刷：天津东辰丰彩印刷有限公司

889 毫米 × 1194 毫米　1/32　6.75 印张　字数 128 千字

2020 年 4 月第 1 版　2020 年 4 月第 1 次印刷

ISBN 978-7-210-12086-5

定价：36.00 元

赣版权登字 -01-2020-8